中國学術思想

研究輯刊

八 編

林 慶 彰 主編

第 30 冊

自我眞實存在的歷程
——唐君毅《生命存在與心靈境界》之研究

廖 俊 裕 著

花木蘭文化出版社

國家圖書館出版品預行編目資料

自我真實存在的歷程——唐君毅《生命存在與心靈境界》之研
究／廖俊裕 著 — 初版 — 台北縣永和市：花木蘭文化出版社，
2010〔民 99〕

序 2+ 目 2+164 面；19×26 公分

（中國學術思想研究輯刊 八編；第 30 冊）

ISBN：978-986-254-214-9（精裝）

1. 唐君毅　2. 學術思想　3. 存在主義

143.46　　　　　　　　　　　　　　　99002522

ISBN - 978-986-2542-14-9

中國學術思想研究輯刊

八　編　第三十冊　　　　　ISBN：978-986-254-214-9

自我眞實存在的歷程
——唐君毅《生命存在與心靈境界》之研究

作　　者	廖俊裕
主　　編	林慶彰
總 編 輯	杜潔祥
出　　版	花木蘭文化出版社
發 行 所	花木蘭文化出版社
發 行 人	高小娟
聯絡地址	台北縣永和市中正路五九五號七樓之三
	電話：02-2923-1455／傳眞：02-2923-1452
網　　址	http://www.huamulan.tw 信箱 sut81518@ms59.hinet.net
印　　刷	普羅文化出版廣告事業
封面設計	劉開工作室
初　　版	2010 年 3 月
定　　價	八編 35 冊（精裝）新台幣 58,000 元

自我眞實存在的歷程
——唐君毅《生命存在與心靈境界》之研究

廖俊裕　著

作者簡介

廖俊裕，台灣大學機械系學士，中央大學中文所碩士，中正大學中文所博士。現任教於南華大學。大學早期遊於愛新覺羅毓鋆之天德黌舍，稍知儒學外王達用之學。大學後期得內聖證體之學於當代新儒學中唐君毅曾昭旭一脈，於儒學「愛與自由」中得安身立命之處（仁）。期以儒學己立立人、己達達人，老者安之、朋友信之、少者懷之。讓愛傳出去，讓世界更美好。

提　　要

　　本文之研究目的在於探討唐君毅先生對生命之「真實存在」的看法，意即人要如何在當下成就其存在之真實，而不虛幻滅裂。

　　探討的方法是用「呈現」的方法。所謂「呈現」的方法，主要有二個意思，一是評論，即是看唐君毅如何評論往學；一是證立，就是看唐先生如何證成他對生命之真實存在的看法。

　　本文的取材以《生命存在與心靈境界》一書為主要資料，之所以如此是因為在唐先生的著作中，正是以此書來評論往學與證成他對真實存在的看法。

　　本文認為唐君毅的哲學是一「呈現的哲學」，所謂呈現的哲學，就是自覺地呈現出人生的活動事實所成之經驗（不只是經驗主義的感官經驗）而成就的哲學。其中的關鍵在於自覺與否，即人是否自覺到這些經驗，而予以充分的反省。因為他要使人由不自覺而到自覺的境界，所以他由心靈境界著手探討各種心靈境界之真實性及其限制與其中的脈絡，使得在不自覺狀態中的人們能夠經由他這橋樑而到達自覺的狀態，而達到其生命之真實存在。

　　相應於這種呈現哲學的特色，所以本文採取「呈現」的方法來陳述唐君毅對「真實存在」的看法，而不主張以批判的方法來從事對其看法的檢討。

　　唐君毅的這個工作，將我們帶入一個廣闊宏朗的整體世界，在這整體的生命世界中，展現了層層不同的心靈境界，由常識中人對世界的覺知開始，層層深入上貫，而達一生命之真實存在處，奠立了人依其理性而尋求真實存在的可能。這個真實存在處，就是當下生活的理性化，只要人當下依其道德理性而自命，便是存在之真實與絕對。而在這個目標的旁邊，他亦附帶地建立起自然科學、人文科學、道德生活、宗教生活的成立之所以可能的基礎，亦即轉而為人文世界奠基。

目
次

自　序

生命自己會找到他的軌道，如果我們不要太用頭腦造作去干擾的話。

新儒學是生命中的必然，存在的聲音，內在的聲音。

史賓諾莎說的：體會生命的必然會帶來自由。

必然常常在偶然中發生。

大四那年，生命窮極無聊苦悶。信步胡走，進入中壢某書局，突然曾昭旭先生的《性情與文化》進入眼簾。開啓了儒學內聖天地。

在儒家的當下愛中（沒有前世、不講來世），慢慢地體會到安身立命之道。這個發現的過程，唐君毅先生的學問是我的一個很好的起步，甚至是終點。他的堂廡特大，眼界特寬，對世界的溫厚，對生命的體驗，是我反芻我生命的體驗的一個很好鏡子。由此鏡子，我也進入神秘主義、黑格爾、宋明理學、佛學、道家道教。起步很重要，會限制你後來的發展。唐先生夠大，夠能包含生命中看似的矛盾與衝突，而給予一個辯證的統一。理智主義者是無法理解的（只能做區分，然後批判反對，卻無法統一），就像黑格爾知性和理性的區分，理智主義者只能停留在生命中的知性層次，無法進入理性層次。沒法滋潤生命。後現代文化的大師，常常不得其好死（如傅柯跳樓），都在這裡止步。

唐君毅學術的研究，近幾年已經有長足的進步，早期許多信口開河式的評論（如林毓生先生），現在幾乎已經被紮實的研究所取代（如單波先生），做為其中的一個研究者，任何紮實的研究都是樂見的。本書算是我生命早期對於道德自我建立的一個成績。其中，本體論的敘述較多，較缺乏具體的工夫論。又受限於論文題目的寫作，也沒有宏觀鳥瞰唐先生之學，所以增加了

兩篇附錄,附錄一爲整體反省唐先生學問的領域,及其發展的可能空間。附錄二爲儒學具體工夫的展現,對於有心儒學成聖之道的學者,當有助益,故一併成書。

　　梁漱溟先生晚年口述成書:《這個世界會好嗎》(北京:東方出版中心,2006)。有人認爲世界改變了,他才會快樂。其實,眞正的是他快樂了,世界才變好。己立才能立人,己達才能達人。

　　願儒學的內聖外王之學能讓世人安身立命,感到幸福,讓世界美好。

　　無限祝福!

引用唐君毅著作縮寫表

《體驗》:《人生之體驗》,臺北:臺灣學生書局,民國 74 年 1 月全集校訂版。

《自我》:《道德自我之建立》,臺北:臺灣學生書局,民國 74 年 9 月全集校訂版。

《心物》:《心物與人生》,臺北:臺灣學生書局,民國 73 年 2 月全集校訂版。

《續編》:《人生之體驗續編》,臺北:臺灣學生書局,民國 73 年 7 月全集校訂版。

《價值》:《中國文化之精神價值》,臺北:正中書局,民國 73 年 11 月初版五印。

《重建》:《人文精神之重建》,臺北:臺灣學生書局,民國 73 年 2 月六版。

《發展》:《中國人文精神之發展》,臺北:臺灣學生書局,民國 77 年 11 月全集校訂版。

《中華》上:《中華人文與當今世界》上冊,臺北:臺灣學生書局,民國 77 年 11 月初版。

《中華》下:《中華人文與當今世界》下冊,臺北:臺灣學生書局,民國 77 年 11 月初版。

《補編》上:《中華人文與當今世界補編》上冊,臺北:臺灣學生書局,民國 77 年 5 月初版。

《補編》下:《中華人文與當今世界補編》下冊,臺北:臺灣學生書局,民國 77 年 5 月初版。

《中西》:《中西哲學思想之比較論文集》,臺北:臺灣學生書局,民國 77 年 7 月全集校訂版。

《原性》：《中國哲學原論原性篇》，臺北：臺灣學生書局，民國 73 年 2 月全集校訂版。

《論集》：《哲學論集》，臺北：臺灣學生書局，民國 79 年 2 月全集校訂版。

《理性》：《文化意識與道德理性》，臺北：臺灣學生書局，民國 75 年 4 月全集校訂版。

《概論》上：《哲學概論》上冊，臺北：臺灣學生書局，民國 74 年 10 月全集校訂版。

《心靈》上：《生命存在與心靈境界》上冊，臺北：臺灣學生書局，民國 77 年 5 月全集校訂版。

《心靈》下：《生命存在與心靈境界》下冊，臺北：臺灣學生書局，民國 77 年 5 月全集校訂版。

《廷光》：《致廷光書》，臺北：臺灣學生書局，民國 73 年 8 月再版。

第一章　導　論

　　本文的目的在於陳述或呈現唐君毅先生對生命之「眞實存在」的看法。陳述或呈現的意義在於看他如何「證成」他的思想。這包含兩部分工作，一是「批評」，即看他如何從我們日常生活或東西各哲人對事物的理解開始，說明此理解之眞實性與限制。換言之，即如何評論中西印各家，所謂「與古今東西哲人之所言者，辦交涉、興諍論」（《心靈》上，頁4）；一是「證立」，即看他如何由日常的理解開始，說明其不足，引導我們至他對事物的看法，而證立他對生命「眞實存在」的理論。所謂「確定建立此中之義理，而立於禮」。（《心靈》上，頁3～4）

　　本文的取材以《生命存在與心靈境界》一書爲探討的線索，這並非任意的，而是由於本文的研究目的所規定。唐先生正是在此書中評論往學與證成自己之「眞實存在」的看法的。他說：「今著此書，爲欲明種種世間、出世間之境界，皆吾人生命存在與心靈之諸方向活動之所感通，與此感通之種種方式相應；更求如實觀之，如實知之，以起眞實行，以使吾人之生命存在，成眞實存在，以立人極之哲學。」（《心靈》上，頁9）然而由於此書寫於晚年目疾等疾病中，倉促間，雖卷秩龐大，但有些論點較簡，此則參考他書而互論之。又因爲我們的目的是看唐先生如何證成他的結論，所以我們不討論他理解中西各大家是否正確，那是另一方面的問題，就本文目的只要說明唐先生如何理解諸家及諸家的缺失即可。

　　唐先生的這個工作，將我們帶入一個廣闊宏朗的整體心靈世界，在這整體的生命世界中，展現了層層不同的心靈境界，由常識中人對世界的覺知開始，層層深入上貫而達到一生命的眞實存在處，奠立了人依其理性而尋求眞

實存在的可能。而在這個目標的旁邊，他亦附帶地建立起自然科學、人文科學、道德生活、宗教生活的成立之如何可能的基礎，說明了個人生活、社會生活、宗教生活的客觀性的成立條件，亦即轉而為人文世界奠基。

第二章　作爲「哲學的哲學」的《生命存在與心靈境界》

第一節　哲學的起點：心境之感通

　　《生命存在與心靈境界》是由什麼起點出發的？郭齊勇先生說：「唐君毅的《人文精神之重建》、《文化意識與道德理性》、《生命存在與心靈境界》等巨構，從人的生命存在這一最可靠眞實的前提出發……」〔註1〕即郭先生認爲《生命存在與心靈境界》由生命存在這一最眞實的前提出發點起步，由書名來看，這似乎是有理由可說，因生命存在在先，李杜先生亦言：「此書以人的整個生命存在爲先在，由此去了解人的種種不同的心靈活動。」〔註2〕換言之，即在生命存在下，我們去看人的種種不同的心靈活動，然而唐先生言：「言生命存在，可指吾人不知其是否有心靈之生命存在。」（《心靈》上，頁 10）若生命存在可不包含有心靈，則就唐先生可言爲「由人心以通天心之唯心論」者而論，〔註3〕我們如何可說其爲「最可靠眞實的前提」。唐先生說：

　　　　此心靈自開通，而其感覺感通之「能」自現，其所開所通之「境」
　　　　亦次序現。此境，此感覺之能之自開通後，期能之所運與所在，亦

〔註1〕見郭齊勇：〈試論五四與後五四時期的文化保守主義〉，刊於《中國文化月刊》一二一期，民國78年11月，頁52。
〔註2〕見李杜：《唐君毅先生的哲學》（臺北：臺灣學生書局，民國78年），頁59。
〔註3〕見唐君毅：《論集》，頁450：「就我個人來說，是唯心論者」，此處要小心，若我們唐先生是唯心論者，必得加但書，否則容易引起誤會，此中分辨參見劉國強：〈唐君毅先生的實在觀〉，《鵝湖月刊》一三七期。

即有此感覺之吾人生命存在之所在。(《心靈》上，頁 96)

在這段話中，唐先生認為若說我們有生命存在，則它存在於何處？存在於心靈之「能」之所運與所在，及心靈之感通處。換言之，唐先生由心境之感通所成狀態來說明生命之存在，而心境感通之狀態便是心靈境界，故又可說由心靈境界來說生命存在，所以他說：「今所欲論之諸義理，及人之種種心靈活動與其所感通之境，而求如實知之，以起真實行，使吾人生命存在成真實存在之哲學義理。」(《心靈》上，頁 36)所謂「諸義理及人之種種心靈活動與其所感通之境」即《生命存在與心靈境界》一書本文中，個人主義或個體主義產生於萬物散殊境之心靈境界中、功利主義產生於功能序運境之心靈境界中……〔註4〕等等的意思。唐先生這個看法，淺顯說，就是每個人的生命存在都是由心靈境界構成，都是主體與客體相互作用而成；由人的思想看，及每個人的生命觀（或世界觀）都是由他和環境相互感通下所造成的結果。

不過，我們卻仍有疑問：書名為何以生命存在在前呢？撇開外緣的因素，〔註5〕唐先生之所以先標出「生命存在」是由於他注重生命之歷程性、階段性，〔註6〕而這也可由心靈境界之有層級性得證（九層心靈境界）。再者，唐先生曰：

生命之所以為生命之本質，及唯是「自運自化於其種類性之中，而又能超出於種類性之外，以將其種類性之本身，加以更迭的運用超化」之性而已。(《心靈》上，頁 216)

在這段話中，說明了生命不只是種類的變化，如生老病死，更有由一種類性而至於另一種類之運用超化的過程，故言「人之生命為一過程」(《中西》，頁 444)，然而這過程不只是種類變化的過程，生命本身還有其自己運用超化其「種類性」（注意「性」字），換言之，這過程並非只是平面的轉變，而是有其層級性，故唐先生言：「生命存在之有其運于層位之義」(《心靈》上，頁 11)。這生命的本質連同前所言之心靈境界說法，我們便可得到：人之生命存

〔註4〕前者參《心靈》上，頁 144，後者參《心靈》上，頁 338。

〔註5〕此處之外緣因素指唐先生之用語習慣，唐先生之另一本著作書名《文化意識與道德理性》重點也是在道德理性，該書自序頁 5：「本書：旨在說明人類一切文化活動，均統屬於一道德自我或精神自我、超越自我，而為其分殊之表現。」類比的說《生命存在與心靈境界》的意涵就是生命存在為心靈境界之呈現。

〔註6〕嚴格說，這兩名詞是有差異的，歷程有層級，而階段則不一定有，不過在此只是為了說明方便，故階段性在此的意義是「有層級的階段」，即立體的、

在是超化低層級的心靈境界以至於高層級之眞實存在的心靈境界的一不斷超越之歷程。〔註7〕

　　當我們知道唐先生是從「心靈境界」或說「心靈之感通」著手爲他的哲學起點時，我們必須先處理一個問題：「何以心境之感通爲最眞實可靠的起點？」

　　唐先生以爲讓我們從日常的經驗「我看到白雲」說起，我們怎麼能夠說它是白雲呢？這是因爲我們將此當前所感的白雲與白，和過去所感的白雲、黑雲與白、黑……等相分類比較湊泊，將現在所感融於過去所感，才知道它是白雲是白，換言之，當我們說「我看到白雲」已非眞實可靠的起點，已經過了理性的比較分類，眞正眞實的是「感」，「你不知它是白雲，亦不知它是白，因爲純粹的感覺是實然的一感，最初並無所謂什麼」，〔註8〕唐先生將此感叫「感通」或「感攝」；〔註9〕爲何叫「感通」、「感攝」呢？這是因爲「人在感覺時，只有渾然一體之能感覺與所感覺故」（《心靈》上，頁 362）「能所二者，同融攝于你的經驗中……在你的直接經驗中，你的心與其對象未嘗離。」（《體驗》，頁 112）而我們之所以能說「我看到白雲」中的「我」、「白雲」，已是人在此感之後起的反省自覺之事，人可「只自覺其能感覺之一面，或其所感覺之一面之故」（《心靈》上，頁 352）。換句話說，當我們以概念去理解此感攝之眞實時，而分別主客、人我時，都已是後起之心靈生命之活動。就此當下而言，感通才是眞實的，所以唐先生說：「主客之感通正爲吾人當前之一事實。」（《心靈》下，頁 267）

　　就此感通的對象言，以上例「我看到白雲」中的白雲而言，一般稱之爲「物」，不過唐先生並不稱物，而稱爲「境」，這是因爲「境義廣而物義狹。物在境中，而境不必在物中，物實而境兼虛實。……又物之『意義』亦是境，以心觀心，『心』亦爲境，此『意義』與『心』，皆不必說爲物故。」（《心靈》

〔註7〕　在此研究者必須小心分辨生命存在與心靈之感通于境之優先性，因爲唐先生有時脈絡所及而二者並言，所以我們必須注意該行文中之脈絡意義。如：「吾今之所持以定今書所陳義理之先後之序之理由，則吾今將說：循方才所說之義理概念，乃人之所以趨通于境中；則人之生命存在之義之本身，其心靈之感通于境之義之本身，即應爲先。」見《心靈》上，頁37～38。

〔註8〕　引言與所舉「我看見白雲」例，俱見《體驗》，頁117～118。

〔註9〕　這兩個名詞指謂相同，但意涵稍不同，它們指謂的都是此「感」，都是主客交融的狀態，但唐先生在強調心境相互爲用時說感通，在強調主體之主動性時說感攝。

上，頁 11）也就是說，心靈所感通的對象不一定是物，因爲物的「意義」，甚至是他人的心靈也是感通的對象，故不用物。在此處所蘊涵的是就主體一面言，感通經驗不只是認知的，它還包含有情意，而就客體一面言，情意亦是我們感通的對象（所謂境兼虛實），不過我們如果認爲感通經驗的性質有認知的、情感的種類之不同，則又非完全正確，唐先生曰：

> 一切心靈活動原是行，知之一活動亦原是行，與其餘非知之活動如情意等，亦原不可分。故人謂知與情意有別，乃自知只對境有所感通，而不必對境之有所感受、感應說。感受是情，感應是意或志行。……知之活動，能知人自己之心靈自身與他物之體、相、用，而不能改變之，情意之行之活動，則可對其他人物或自己之心靈之自體，更有一作用而變之。此即知行二者之不同。然心對境若先無情上之感受，亦無知之感通；人心若初不求應境，亦對境無情上之感受。又感受、感應，亦是一感通于境之事。人若只有知之感通，不更繼以感受與感應，則其對境之知之感通，亦未能完成，則知亦可說後于行。……無情意則知不生，無情意之行以繼知，知之感通不能完成；……知之爲眞實知者，必歸于如此之一與情意共行之知，方得爲眞實知。（《心靈》上，頁 24～25）

在這段話中，唐先生說知情意皆爲主體的活動（原是行），而主體的活動有統一之意，故不可分，對這些話，我們可以做以下的說明來了解。〔註10〕

　　首先，需明瞭唐先生的用語習慣。當唐先生在說心境交互爲用的關係時，用心境之感通之語，此時之感通乃一綜合的，指謂當時知情意不分的狀態。唐先生認爲在此狀態中可方便說有知之感通，情之感受，意（志）之感應三種，但這三種實屬一體，說一即隱含其二，如單說情，則知與意乃在背後做支持。就心之知境言，可說感通，此心知物之感通義意乃在上一心境交互爲用的感通之中，換言之，當說心境之感通時，我們必須意識到此感通乃包含有知（感通）、情（感受）、意（感應），而說心知境之感通時，則只是單說知方面（雖然這單說認知之感通背後亦是有情意支持），此二感通之意義需分別，否則上段引文便矛盾而不可解矣。

　　再者，認知何以脫離不了情意？這裡的說明關鍵有二處：一爲「吾人以

〔註10〕唐先生在此處的解說，稍簡略，以下的說明乃本《理性》第五章〈哲學科學意識與道德理性〉，與第六章〈藝術文學意識與求眞意識〉所作的解說。

純粹理性之活動，當其目的在眞理時，即爲一實踐理性所支持者」（《理性》，頁 24）意思就是一般人以爲就心之認知境言，此心有其主動性，〔註11〕主動地知，主動地求眞理，但何以要主動地求眞理呢？則這求眞理活動的背後乃爲實踐理性所支持，而實踐理性在唐先生言乃道德理性，道德理性即爲感攝此境之情意，有主動感攝之情意。〔註12〕二爲感通之境並非被動的待在那裡，好讓我們去認知。當我們去感通客體之境時，此境也有呈現其性相同的作用，唐先生說：「境亦可說有呈現其性相之『活動』或『用』，而後此境與其性相，方得呈現以『存在』于心。」（《心靈》上，頁 13）這段話的意思，便是說我們怎麼知道境的存在呢？（注意引文中「用」與「存在」的引號）我們「說他們存在之意義中，就含一種其作用可經驗之意義。」（《體驗》，頁 114）「它們之存在，至少依于它們之作用，有一種爲你經驗之可能。」（《體驗》，頁 114）換言之，當我們去感通境時，這時境也有其自動的呈現其性相之作用，否則我們便不能有感通的經驗，有感通的經驗，便已說明了其作用以爲我們經驗到。

　　了解以上二點，便可說明何以「心對境若先無情上之感受，亦無知之感通」，這是因爲境有其呈現其性相之作用，人若不接受（感受）其呈現之性相，當然無知之感通。何以「人心若初不求應境，亦對境無情上之感受」，因爲人心有主動性，若不求感通于境或對境感應，則當亦無情上之感受。換言之，即「交相互攝以成一存在之眞實……互相內在以成一眞實」。〔註13〕不過在這段話中的先後，皆非時間意義上的先後，若以時間言，知情意是沒有間隙的、是同一時刻的。這裡的先後乃是邏輯意義的先後，是理論次序的先後。

第二節　心靈主體之存在

　　當我們反省「感通經驗」時，可以得知我們有感通的作用或功能，如心感通境而成就感通經驗，就心而言，是有感通的作用或功能的。不過，唐先

〔註11〕此處之一般人非指經驗主義者，就主體之自發性以成就知識言，可指康德。

〔註12〕情意雖然連說，但主要是指意（志），因情意偏於感受，較無主動性。此處也許可如一般所說爲名利而求眞理，這是求眞理的事實原因，而這求眞理的理由乃指其成立的前提，是邏輯的前提，「原因」和「理由」意義不同。從另一方面說，求眞理之能夠成立，亦有其超私利等實用價值之處，說解見唐著《理性》第五章。

〔註13〕引劉國強先生語，見〈唐君毅先生的實在觀〉，《鵝湖月刊》一三七期。

生在此認爲我們這樣的推論仍是太快，我們可以由感通經驗直接推到「感通作用」嗎？唐先生認爲事實上我們只可以說有感通現象，還不能說到作用的，因爲就當下刹那「感白」的經驗（如上例感覺到白雲），我們如何能說有作用存在？唐先生認爲所謂「作用」、「功能」是一定要用在現象之間的改變才能成立，他說：

> 若吾人自始將一事物所能更迭表現之內容，皆屬於事物之自身，則
> 其能表現而未表現者，皆可化爲其所表現，而在成爲其所表現時，
> 能再加以超化，而不表現者。自其能表現，兼能不表現而超化此內
> 容言，則此存在事物即更有一超現實之能，亦超此表現之內容知性
> 相之能。（《心靈》上，頁212）

這段話中，唐先生明言所謂「功能」（即一般所言之作用）是超現實的，它是來自一事物其內容有所更迭表現而成立，如果沒有變化、更迭表現，我們是無法知其有作用的。換言之，當心有種種感通現象之更迭表現，我們才可以說心有感通的作用。不過在這一段話中，唐先生不用現象而用「性相」，這有他特殊的用意，一是他要避免一般人認爲原始的經驗所成之現象是段片分離的，如休謨將其看成各各分離的感覺印象；〔註14〕二是他認爲一般人只把當前眼見者視爲現象過窄。之所以有這樣的考慮的主要原因是人的原始經驗是一不斷伸展的歷程，例如我們可有感白、感紅，「開眼以見色，動舌以知味」（《心靈》上，頁357）之一連串、一系列之活動，而人之所以會有分離的印象觀念，乃是「有一回頭反觀之活動，將此歷程加以截斷」（《心靈》上，頁357）的結果。然而我們如何得知人之知覺經驗乃以不斷伸展的歷程呢？唐先生認爲可以有二種證明方法。

第一種方法是「此可直接由吾人之身體之感官活動時，有一運動感、或行動感而知。吾人之開眼以見色，動舌以知味，並不待吾之自見其眼與舌」（《心靈》下，頁357）換言之，這一種方法乃是直感，但這直感有其眞實性，因爲我們試用眼看、用耳聽，確實可有眼與耳之活動的感覺。不過這種方法只能說明知覺經驗是一不斷伸展的活動，卻未說明它是一歷程。

何謂歷程？「凡過程均以不住爲性，均以攜帶過去跨越現在而連接將來爲性」（《中西》，頁445）。第二種方法是從人的自覺開始說起的，他問：「你如何知道你有感覺存在？」我們可以用眼睛這感官去看顏色，可是我們怎麼

───────────

〔註14〕參見《心靈》上，頁355。

知道視覺呢？我們可以用「眼」來看「看」嗎？不能。「你之所以能知道你
在看在聽，只是因為你對你之感覺活動，有一自覺，有一反省。」（《心物》，
頁 161）也許在這有人會反駁說：我不曾經驗過自覺，我沒有自覺的能力。唐
先生指出當你說沒有自覺的能力時，你已自覺「你莫有自覺的能力」，你已
在自覺你自己了，你已是有自覺的活動了。也許還有人懷疑：為何我自覺反
省的結果竟是我無自覺能力呢？唐先生認為這主要的原因是自覺本是一活
動，而非可為一對象，所以「不能單獨反省出你自覺能力之存在，是不錯
的。」（《心物》，頁 85）換言之，「由於你自覺之能力，是滲貫於你一切心理
活動，所以你不能單獨反省出你自覺能力之存在。」（《心物》，頁 85）當我們
試著去反省時，我們只能反省出忽而見此色、忽而聞彼聲、忽而記憶過去、
忽而想像將來之各種心理活動，我們是不能將一個「自覺反省」擺在我們的
前面，而說它存在，但雖然如此，可以從另一面來察覺它的存在。「你可自你
一切心理活動之為你所自覺，反省出你之有自覺能力。」〔註 15〕但如何反省
出呢？

　　唐先生認為只要我們能夠說明自覺是一切心靈活動的基礎，或是一切心
靈活動都是因為有自覺能力而後有的，那麼只要我們肯定有心靈的活動，便
可肯定有自覺的能力。

　　唐先生認為我們可以說明幾種最普遍的心靈活動，如記憶（回想）、判斷、
想向、意志、同情等，都是依於我們之能自覺而後有。以記憶為例，記憶的
對象是過去我們所曾經驗的，但是曾經經驗的，何以我們還能記憶呢？一般
答案是因為我們遇到相關的刺激，便能使過去的經驗內容，在現在重現，唐
先生認為這種說法「只是一種交替反應式而聯想，說明記憶。這種說法，只
能說明過去經驗內容之外表的重現，不能說明真正的記憶。」（《心物》，頁 87）
真正的記憶，以我們記得昨日出遊泰山的情形而言，在此時，我不僅只是重
現昨天在泰山所見之風景的印象，而且我還知道這些現在重現的印象，屬於
現在的我，雖然它的內容是昨天的經驗內容，所以記憶就是現在我自覺過去
我的活動。如果沒有自覺，則記憶是不可能的。而現在記憶是可能的，故我

〔註 15〕見《心物》，頁 85，這段敘述中，唐先生所謂的「心理活動」即今日一般之「心
　　　　靈活動」，參見勞思光：《書簡與雜記》（臺北：時報出版公司，民國 76 年），
　　　　頁 45～74，對《心物與人生》之介紹與評論。此處為順唐先生的語鋒，故亦
　　　　用「心理活動」，下文為方便說明，則用「心靈活動」一詞。

們能肯定自覺的存在。〔註16〕

　　肯定自覺的存在後，便可說明經驗的歷程性。從上文，記憶是「現在我」自覺「過去我」而言，其中有二層意義。第一層是現在我和過去我的對立，二者不同，中間有時間的間隔。第二層是現在我和過去我雖然不同，有時間上的區別，但過去我的經驗內容是現在我的經驗內容，二者是同一的，「於是我們覺不同時的我之經驗內容，是一致的、相貫通的、統一的。這種對待的我之經驗內容之統一、間隔的我之經驗內容之貫通、不同時的我之經驗內容之一致之發現，即是記憶中之自覺的本質。」（《心物》，頁88）換言之，自覺是滲透於我們的心靈活動之中，所以可以覺察經驗內容是一致的、貫通的、統一的。如此我們即說明了知覺經驗的歷程性。

　　由此經驗之歷程性，就對事物而言，只說現象是不足的。唐先生言：「此心之知之攝受此相而有表相……而轉至彼一表相時，此中之彼表相顯，原來之此表相即隱，而還為此心所攝受，亦即由相而化為性。說其是性，乃自其有重視而被再認之可能說。吾人通常說物之一相有再認之可能，亦即說物有能再表現其相之一性。……康德書言現象即相……彼只說相不說性，即忽此為『可能者』之即是性也。」（《心靈》上，頁118）換言之，只說現象對於經驗的不斷伸展的歷程性而言，確實有割裂分離，當說為性相，而此性相中之顯者，叫做相，於其隱者，有表現為相之可能性者，則叫做性。

　　以上，我們由感通的經驗現象之更迭表現而說明感通的作用，並且說明了經驗是在一不斷伸展的歷程，在說明經驗的歷程性時，我們附帶了證明自覺的存在，唐先生認為由自覺的存在，便能肯定心靈的存在。

　　因為「你能自覺能反省，即證明你有心，心之本質即見于自覺或反省。」（《心物》，頁161）唐先生認為心的本質就是自覺反省，而自覺反省我們已由上文得知是有的，故心必存在。在此，也許可以懷疑：我思只能證明思在，並不能證明我在；〔註17〕由有自覺反省，事實上也只能證明心有自覺反省的作用存在，而不能證明出心靈主體的存在。唐先生說的確如此，「心體不可見，但心之用可以說」（《自我》，頁103）而正因為「自人自見此主體之有種種活動之用、與相，及其活動所對境物之用、與相，而不見有此主體之自身。人

〔註16〕此處論述參見《心物》，頁87。為避繁，僅以記憶為例，其它心靈活動必待自覺而有之說明見《心物》，頁88～89。

〔註17〕參見《概論》上，頁206。

即可疑此所謂主體本來無有……此主體即其諸用相之集合所成之一名……而另無所謂有統一意義之主體。」（《心靈》下，頁 320～321）

主體是心靈活動之用與相的集合體，如此則我們何須於主體之用與相外，必須更說有體的存在呢？唐先生首先駁斥主體是用與相的集合體的說法。所謂集合體，當有一些元素，作爲集合體內的成分，而這些元素乃是一時並列而有，如此才可合成一集合，由此唐先生說：「其所以不能視爲一集合體而思之之故，在此生命存在心靈之活動之用與其相，乃依先後次序，更迭輪替出現，既有而又無者……此集合體，即亦爲自有而無者，便更無此集合之可說。」（《心靈》下，頁 321）換言之，就其爲歷程言，乃是先後更迭而有，並非一時並有，故不能視爲集合體。也許我們還可以反駁說，當用與相既現而又隱時，這時的集合體亦成爲一潛隱的集合體，唐先生反駁說，由次序輪替出現的用與相，是不能形成集合體的，人之所以有潛隱的集合體的說法，乃是將此些歷程性的用與相並觀，而形成一集合體的觀念，這是第一個錯誤，而又以這集合體的觀念來看已經隱或無的用與相（即性也），所以才形成這潛隱的集合體之觀念，這是第二個錯誤。〔註18〕

解決了心靈主體不是相與用的集合體，我們便可來看，既然心體不可見，如何來論證「心靈主體」的成立？在前文，我們已說明了自覺的統一貫通作用一定是有的，否則就無法說明諸多心靈活動之可能。肯定有自覺的統一作用時，「此統一之中心，即當視爲其所以爲體之意義之核心之所在」（《心靈》上，頁 371）換言之，自覺的統一中心即心靈的主體，但我們是否可以由心靈作用（自覺的統一作用）馬上推證到心靈主體（自覺的統一作用之中心）的存在呢？此即一般所謂的順用見體，唐先生認爲順用只能見用，可不見體，他說：「要說順用見體，必先知有體，方可順用見體。若人未知有體，則以用觀體，可不見體，而只見用。」（《心靈》上，頁 331）

至此，我們似乎走進一絕路，上文說：「心體不可見，心之用則可以說」又說：「不可順用見體」，如此則豈非否定了心靈主體的存在嗎？因爲心體既不可見，則我們要肯定心體，也只能由可說之心用說之，可是我們又不能順著心用而說到心體，如此豈非不能肯定心體存在。

不過，事實上，我們要找的應是：除了順用見體之外，我們是否有另一由心用而說至心體的途徑來肯定心體的存在？假設有主體的存在，由於主體

〔註18〕以上論述參見《心靈》下，頁 321。

一一的活動皆輪替更迭而出，換言之，即主體皆可使之隱或使之無，所以我們可以說此主體有超越任一活動之意義，〔註 19〕但其使一活動無，乃是以另一活動取代之，所以此主體有超越「任一」活動之超越意義，但事實上又無超越「一切」活動之超越意義，因爲它是使此用隱，彼用顯，在二用之隱顯間見主體之超越任一用之意義，但體又只能是用「彼用」而使「此用」隱，故又可說爲內在於用。合以上，可得「說其超越意義，即內在於二用而顯，而同時有此內在之意義」（《心靈》下，頁 330）所以主體與其用，有既超越又內在之關係。「順用見體」之所以誤，即誤於只見內在義，而未見超越義。唐先生於此發展出「即用之隱顯而見體」的途徑（相對於「順用見體」，此可謂「不順」）。就用之隱顯不斷而見體有二個方法。

第一個方法即「見此主體之活動與活動之相，乃動而愈出，相續不窮者。由此相續不窮，即見其泉源之不息，根本之常在。」（《心靈》下，頁 322）即由前文主體經驗的歷程性，主體的活動是不斷向前伸展的歷程，乃是源源不絕，動而愈出，如此，「泉源根本，即以喻此主體」（《心靈》下，頁 322），唐先生認爲我們仍然不可由此活動之相續不絕、顯隱不斷，便直接推論出此主體之存在（注意上引號中之「喻」字），因爲結論並不在前提之中，但我們不能直接推論出，卻可直感出。如何直感呢？即「其活動相續不窮之時，即同時直感一超越於其先所感之一切已有活動以外，尙有一由無而出之活動。人即於此活動由無而出之際，或由無至有之幾上，感此活動出於吾人心靈或生命存在之主體……」（《心靈》下，頁 322）換言之，由活動之歷程性，我們可以肯定下一活動的產生之當下之幾時，我們便可感其由吾人之心靈主體而出，由此而肯定心靈主體的存在。

第二個方法接著第一個方法而來，唐先生認爲人如果懷疑上述直感的方法，而一定要求此主體存在的論證，則只能用歸謬法（反證法）。假設沒有此主體存在，「爲此相續之活動之所自出，則已有之活動是多少，即是多少，不應更增，亦不應更相應生起。」（《心靈》下，頁 322）可是現在我們已經知道心靈的活動是有增加的，而且不斷相續生起，顯隱不斷，故無此主體之說是錯的，「無此主體之說既非，則有此主體之說即是」（《心靈》下，頁 322）故

〔註19〕此主體之超越意義成立的另一理由亦可由心之自覺有統一貫通經驗內容而知，因「其所以能爲經驗之統一者貫通者，在另一方面，即表示其能超越經驗之限制之意。」（《心物》，頁 90）

我們可以肯定心靈主體的存在。

肯定心靈主體的存在，而且我們也知道心靈有超越、貫通、統一等作用，唐先生乃名之爲「虛靈無相」（《心靈》下，頁477），「虛言其無所不超越，靈言其無所不貫通關聯」（《概論》上，頁 220），而無相則是指在它可超越一切可能之活動之下，若問心靈主體的相貌爲何？則它是「『超越一切活動與其相貌』而『無此一切活動之一切相貌』之『相』，即『無此一切相』之『相』」（《心靈》，頁 323），故我們可說它是一虛靈無相的心。

結合以上，我們知道肯定虛靈無相的心靈主體的存在，是因心靈活動的相續不斷、源源不絕。因爲若無主體爲此泉源，則心靈活動便不應相續增加，連綿不斷，所以我們肯定心靈主體的存在。而肯定心靈活動的存在，是因性相有其更迭的表現，在其更迭變化之機，而肯定了心靈作用、心靈活動的存在。換言之，我們是未離開心靈活動之用與相來說明心靈主體的，這原因唐先生說：「乃由其本不可孤立而論。即吾人本不能離其相用，以知體爲何物。」（《心靈》下，頁 320）即唐先生在此乃知識論的說法（注意上引文中的「知」字），由知識論地肯定了體之存在後，我們便可存有論地說體相用「相依而立。如體以相用見，相依體之用轉，用亦必自有其相而屬于體。」（《心靈》上，頁 45）即體相用相依而立，雖一體而各別，體統相用，體一而相用多，用自體發，隨相流顯。〔註20〕

第三節　心靈活動之三向

此節之重要在於唐先生在年輕時觀現代邏輯之公理法，直接提出若干基本命題與推演原則，便從事推演，而毫不解釋基本命題爲什麼如此設立，甚爲反感，以之爲非理性者，對此非理性者，唐先生以爲其應是預設一理性基礎而對之做合理解釋方可；另一方面，唐先生以爲吾人既有一個能思一切可能存在之一超越的心靈，則此心靈亦可對此世界無所思，而捨棄此世界，則爲何我個人要接受此自然、社會、歷史的世界。在這個問題上，唐先生最欣賞菲希特與黑格爾之由純粹自我或純思中之理性出發，以演繹出此世界之存在的形上學。唐先生認爲這種形上學的演繹之理非一般邏輯思維中的理性，而是一存在的理性，於是邏輯思維理性與存在理性如何相通又成爲他的一大

〔註20〕以上諸語除體統相用外，乃借用鄺錦倫〈黑格爾與辯證法〉中之數語，而有所更改。參《鵝湖學誌》第三期（民國 78 年 9 月），頁80～81。

問題。對此二問題之答案，唐先生以爲其理性基礎乃是一理體──一個三度向的理體，而此三度向之理體又可銷歸於一虛靈無相之心以爲其性之理體。由這理體，我們乃可說明空間何以三度，宇宙之基本定律如萬有引力關係何以反平方，以及人之精神方向等等，唐先生說：「此吾二十七八歲所形成之思想規模，今亦不能踰者也。」〔註21〕換言之，唐先生乃由虛靈無相之心，說心靈之三向，由心靈之三向來說明世界的成立與人之精神方向等等，故此節是相當重要的。

心靈活動之三向，即內外向、前後向及上下向。內外向就種類言，前後向就次序言，上下向就層位言。這些字眼的意義可順著前文之說明來理解，上文已知心境之感通乃心境之交互爲用，此中「如謂生命心靈活動自身爲內，其所出入開闔之境即爲外」（《心靈》上，頁40），換言之，即心居內以外通于境，就此感通之境言，有種類之不同，如聽聲音是一類，看顏色又是一類，這二類是不同的，如是心之知境之不同又有第二種意義的內外，「凡異類相斥者，亦皆互爲內外」（《心靈》上，頁40），即屬此類者，謂此類內，不屬此類者，謂之類外，如心靈之由聽聲音而至看顏色，即原在「聲音」此類內，而出此類，而至「顏色」之另一類。就心之內外向言，唐先生便以心靈活動之「橫觀」名之，由於種類是就境之相言，故唐先生言：「于諸相，與依相辨之體用，初宜橫觀其類別之內外。」（《心靈》上，頁44）

上文又已得知心靈感通經驗之歷程性，所謂歷程性依第二節可知包含有延續性（相繼性）與統一性（貫通性）。首先，就其延續性言，即有心靈活動之前後向，或心靈活動之次序，如我們聽見一聲音，跟著有對此聲音的回憶，由聽見一聲音到回憶此聲音，有其先後次序，是心靈活動的前後向，唐先生言：「于諸用與用之流行變化中之體相，初宜順觀其次序之先後。」（《心靈》上，頁44）再者，就其統一性言，即心靈永位于所經驗之上而有一統一作用，依此而言其上下向，或心靈活動之層位，如我們聽見一聲音，並對之有一回憶，而後知道聽見之聲音與回憶中之聲音有別，此知道其有分別之心，是比「聽聲音」與「回憶所聽之聲音」之心高一層次。就此上下向言，唐先生以心靈活動之「縱觀」名之，縱觀重體之層位，故唐先生言：「于諸體與諸體之相用，初宜縱觀其層位之高低。」（《心靈》上，頁44）〔註22〕

〔註21〕此段論述與所引參見《心靈》下，頁475～477。
〔註22〕以上所舉諸例見《心靈》上，頁16。

簡言之，心靈之三向即心靈之橫觀、縱觀及順觀三方向之活動。不過在此，必須說明的是，此心靈之三向非經驗之分析，而是超越的分析，〔註23〕如此它才能如前文所說之成就一三度向之理體。即我們不能在經驗上找出有單一之心靈順觀、縱觀或橫觀的活動，但在經驗上找不著卻對經驗有效。以上段縱觀所引例為例，心靈由「聽聲」至「憶聲」至知此二者之別，其中也包含心靈之橫觀，因從「聽聲」這一類到「憶聲」這一類再到「知此二者之別」這一類；也包含順觀，因其中亦有次序也。

第四節　心靈九境的建立

本節的目的在於抽象地說明心靈九境的建立，而不涉及具體九境之內容。

知心境之感通與心靈活動之三向——順觀、縱觀與橫觀，便可建立九層心靈境界。唐先生說：

> 吾人之觀客體，生命心靈之主體、與超主客體之目的理想之自體——此可稱為超主客之相對之絕對體，咸對之有順觀、橫觀、縱觀之三觀，而皆可觀之為體，或為相、或為用。此即無異開此三觀、與所觀三境之體、相、用，為九境。(《心靈》上，頁46)

就心境之感通為當前之一實事言，「生命心靈所對者為境，即為客，其自身為主，此一感通，即通主客而超主客，亦統主客者。」(《心靈》下，頁267) 此中只就客體去看，主體亦成為一對象，而其主體之主動性則隱，即主體亦被視為客體，如此成就出客觀境界；只就主體去看，則客體皆統攝於主體、依於主體，如此便成就主觀境界；而自主客原可交互為用而成感通者，則可成就超主客境界或絕對境界。對此三境界，心靈皆可展其三觀而有重體、重相與重用之分，如此便開出九境。〔註24〕

我們也許可以懷疑：「難道不可再開為更多境界嗎？」唐先生回答：「其

〔註23〕經驗的分析與超越的分析可參牟宗三：《認識心之批判》上冊（臺北：臺灣學生書局，民國79年6月），頁149：「分解，有經驗的分解，有超越的分解。經驗的分解是就經驗現象而釐清之，如其所是而呈列之，並不能超越地及其先驗之原理。超越的分解則經由反顯法能超越地及乎先驗之原理。」

〔註24〕此段由於沒有涉及具體九境之內容，所以很抽象，如主體在客觀境如何成為一對象，超主客何以是目的理想的自體都未說明，前者將在萬物散殊境論之，後者則需由觀照凌虛境至道德實踐境再至絕對境始能說明白。

所以開之爲九，不以餘數，非以九不可再開，亦非以其不可在併，然亦非無其義理上必可開爲九之理由。」（《心靈》上，頁 38）也就是說九境當可再開爲更多境，而且也可併爲更少境，如併爲上所言之客觀境、主觀境與超主客觀境三境，甚且此三境更「可約爲『吾人之心靈生命與境有感通』之一事而已」（《心靈》下，頁268）那何以一定要開成九境呢？唐先生的理由是個實用的理由：「人之行于哲學之途者，次第歷此九境，即可通至東西古今大哲之哲學境界，而對其心靈活動與其所感通之境，分別皆有一如實知，以成其眞實行，而使其生命成普遍、悠久、無限之生命，爲眞實無妄之存在故。」（《心靈》上，頁 38）即《生命存在與心靈境界》一書之所以要開爲九境的必然理由有二：一爲可如實知東西古今各大哲之心靈境界；二爲由如實知而起眞實行，而使生命成爲眞實存在。唐先生的哲學在此顯出它對人生的實用取向，它既非純粹知性的分析，亦非瀰天蓋地地騁其玄思，它只是要爲人之眞實存在做奠基的工作，所以以下我們便轉到唐先生對哲學的目標與任務的看法，以期指出九境發展的目標。

第五節　哲學的任務與目標及九境發展的目標

到目前爲止，我們都還未眞正解釋「眞實存在」的意義，底下，我們將先說明眞實存在之意義，進而說明哲學之任務與目標。唐先生說：

> 何謂吾人之生命之眞實存在？答曰：存在之無不存在之可能者，方得爲眞實之存在，而無所不存在之可能之生命，即所謂永恆悠久而普遍無所不在之無限生命。（《心靈》上，頁26）

「存在之無不存在之可能」，即它已經有曾經存在或現在已存在的含意，但曾經存在或現已存在，我們仍不能說就是眞實的存在，這裡有事實與價值之分。〔註25〕一個自然存在如石頭，我們似乎便說它是眞實存在，但這眞實的存在只是指事實上的存在，而事實上的存在不一定就是價值上的存在。事實上的存在，若不合一應然之理而存在，則爲不眞實存在。而唯其不合理，所以不可能眞實存在。例如犯了過，過在事實上已存在，可是它是不合理的存在，因此我們總覺得不對，而要改過。當改過時，過便由存在而變爲不存在，

〔註25〕事實與價值之分參見〈中華民族之花果飄零〉第二節事實、價值之分。見《中華》，頁 15～22。

如此我們的行爲才是合理的。換言之，當我們的行爲經一「如實知、眞實行」
（《心靈》上，頁 26）後，到達應然合理的生命，那麼此時的生命便無不存在
之可能，如此便爲「永恆悠久普遍無限」的生命，也唯有當它本身行出即是
理（而不只是合理），而不感到有理爲它的限制時，方爲無限的。〔註26〕

　　唐先生認爲事實上每個人都以實現這個眞實無限的生命爲目標，不管我
們有否自覺到。「吾意人之心靈活動，即不自覺在達此目標，或與目標似不相
關者，實亦莫不相關。」（《心靈》上，頁 27）例如人之好利、好色、好名、
好位、好權……等等，似與實現眞實無限生命無關，但唐先生指出這些活動
都是人們在現實有限事物上，追求無限的人生的顛倒活動，在〈人生之顛倒
與復位〉（《續編》，頁 139〜170）一文中，唐先生詳細分析了這些活動皆是人
實現眞實無限生命的誤置。以好利爲例，好利並非只是好一現實財富的直接
享用，而是好財富能產生更多財富的可能與財富能兼具購買任一等值之物品
的「無限可能」（一些錢財在身上有可購買任一等值之物的感覺，一旦直接享
用而購買某物，則已確定只能買該物，而無購買任一物的無限可能），換言之，
好利就是在財富上追求無限的行爲，而這就是「追求無限生命的誤置」。

　　而人可自覺其求實現眞實無限生命的理由，「即爲此心靈活動之具遍運一
切境之意義者，或其所感通之境之遍通于人之一切心靈活動者。」（《心靈》
上，頁 27）因爲心靈具超越性（見本章第二節），可超越一切心靈活動的限制，
故也具無限性，心具無限性，故亦可自覺人求眞實無限之生命。而在現實上
心靈活動的普遍運行與其境可普遍通于人者愈普遍無限，也愈接近眞實無限
的生命目標。心靈之普遍運行有其方向，有其運行的次序，唐先生曰：

　　　序必有始，爲元序。元序爲以後一切序之本。其運之所經，皆可視
　　　爲一類，類必有分類之始。分類之始，爲最大類。其運求遍，必向
　　　在全。全涵分，而全爲高層位，分爲低層位……全之至高者爲大全。
　　　故人之心靈活動之求遍運，必求元序以爲本，大類以爲幹，大全以
　　　爲歸。（《心靈》上，頁 82）

人之心靈活動有次序，種類與層位三方向（參第一章第三節），故人之心靈活
動之求普遍運行，以實現他的眞實無限之生命時，亦循此三方向而求元序、

〔註26〕此處爲說明故，價值只限於合於理性，事實上在唐先生的思想中，此理亦是
　　　　情，既是情也是理，參〈民國初年的學風與我學哲學的經過〉，見《補編》，
　　　　頁 387。

大類、大全。一切哲學家之所爲便是求元序、大類、大全之義理概念，以說明宇宙與人生。唐先生以爲若無此眞實無限之生命爲目標，則亦無心靈之求普遍運行，則亦不必有求元序、大類、大全之義理概念以說明宇宙人生之哲學，甚至一般科學之求設定原始公理，求概括性綜合性義理之事，也不應有，因爲求設定原始公理（如數學中之皮亞諾公設，或現代邏輯之先設定若干公理以推演），就是求知識系統形成之次序之始；求概括性義理（如經驗歸納）即求更大類；求綜合性義理（如物理學中以萬有引力定律統攝克卜勒三大定律），便是求更高層位之全。換言之，心靈之普遍運行求實現眞實無限的生命之下，哲學必然是有的。

哲學就是尋求元序、大類、大全之義理概念，以爲心靈活動所循，而普遍運行于宇宙人生。這種義理概念，經古今東西哲人等之研究，已有多種，唐先生舉例，如有關吾人心靈活動之認知的方法與態度的直觀、理性、感性……；或有關於存在事物的普遍範疇或普遍內容的存有、個體、事物、因果、時空……；或有關於宇宙之總體性理念的天、上帝、絕對、如來藏、道體、太和、太極……；或有關於人生之價値理想，可使人以之爲本而待人接物的幸福、功利、眞、善、美、仁……等等。〔註 27〕人都可持這些義理概念以普遍用以說明宇宙。如以如來藏或太極來普遍說明人生。但以一義理概念（如如來藏）來說明宇宙人生，必不同于以另一義理概念（如太極）來說明；以最大類的義理概念遍觀世界亦不同于以最高層位之義理概念遍觀世界，前者如只承認一般之存有或事實爲最大類，一切事物皆屬此而可無上帝之觀念，後者如以上帝或絕對爲最高層位，而不本種類以觀世界，則亦無最大類可說。換言之，義理概念不同，其宇宙觀便不同，甚且互相衝突，那麼哲學的世界便爲一破裂的世界。〔註 28〕

我們當然要解決這破裂的世界，如其不然而一旦承認哲學世界的分裂，則人必不能達成其眞實存在。因爲就其分裂的諸方而言，彼此爲相對而有限，如此便不能成爲一眞實無限的生命存在，但如何解決呢？

在此，我們不能訴諸於天生氣質這個因素，如你的氣質近於儒家，他的氣質又近於道家，我的氣質近於佛家以說明這種分裂的狀態，因爲以氣質這種非理性的因素來說明分裂的狀況，無異於承認分裂的世界而無說明。

〔註 27〕參見《心靈》上，頁 29。

〔註 28〕以上參見《心靈》上，頁 29-30。

　　唐先生以為人之哲學心靈可以有「對哲學之哲學」、「對諸遍觀之遍觀」
（《心靈》上，頁31）來解決這分裂，這是一依一普遍義理概念以遍觀世界後，
更超越之，而另依一普遍之義理概念以遍觀之不斷超越的次序歷程，「凡遍觀
之種類不同者，循此不斷超越之次序歷程，即可達于高層位之遍觀。此中種
類不同之遍觀，由歷此次序而達高層位，即此中之種類、次序、層位三者間
之互相涵攝，以見其貫通之道，而為哲學的哲學之所為。」（《心靈》上，頁
31）唐先生強調，這對哲學的哲學並不是說他本身就是一「超級之哲學家」
（《心靈》上，頁32），而且哲學的哲學亦是哲學，因人之為哲學，而由一以
至於其他，便已是在超越一哲學而至其他哲學之歷程中，而在歷程中明辨各
哲學的是非局限，皆是對哲學的哲學，換言之，哲學也應當是哲學的哲學。
那麼何以在此要強調「哲學的哲學」呢？這主要在說明人之為哲學應為一不
斷超越的歷程，因人若無此不斷超越的歷程，其哲學只局限於先前所執之義
理概念，唐先生認為「此即同時導致其哲學之死亡，其所執者成一偏執妄執，
而亦成非哲學」（《心靈》上，頁 32）換言之，哲學當為一開放系統，即使對
其自身的哲學亦應保持「哲學的哲學」以不自限於其先所執之義理，而又能
通於古今各大家之普遍義理世界。所以唐先生以為他並非超級的哲學家，他
的哲學亦非一「堡壘」、「山嶽」，他的哲學雖然要貫通任何所知的哲學，但
是這貫通的心，剛開始雖是一總體的加以包涵的心，但卻必須化為「橋樑」、
「道路」，而通於各大哲之哲學境界，至此，唐先生乃更認為一切的義理概念
事實上亦同只是一橋樑、道路。人經過此橋樑道路而自有其所往。

　　綜合以上，唐先生乃找到貫通各人生觀的途徑，這途徑就是由心靈境界
（心靈感通而成心靈境界）著手，因為每一世界觀，人生觀皆為心境之感通
而成，皆是一心靈境界，那麼只要我們著手研究心靈感通的種種活動，了解
心靈活動之次序，種類，層位之特性，而由心靈活動之不斷超越的次序，將
其中種類不同的義理帶至高層位，則各哲學之不能相通便可解決，分裂的哲
學世界便可成為一整全而無限的世界了。

　　換言之，只要使人走上這心靈的橋樑、道路，而使人自覺地為哲學的哲
學，而通至各不同的普遍義理概念之世界觀，那麼人便可能成為真實無限的
生命，唐先生於此乃有「說所學非究竟，以說所學成教，方為究竟」（《心靈》
上，頁 35）的主張，也就是「哲學之目標在成教」（《心靈》上，頁 33），成
教的意思就是哲學做為一橋樑道路，它主要有二個含意：一為對未充分自覺

的哲學加以教導、引導（心靈的本質便是自覺），所謂的「如實知」；二為對充分自覺的哲學，由知而起行，所謂的「真實行」，所謂的「行于聖賢之道」（《心靈》上，頁 27），至於一切言說必歸于默，而不見有言說，橋樑道路亦功成身退而歸于無，歸于隱。

　　就作為「哲學的哲學」言，《生命存在與心靈境界》正是要提供成教的一個橋樑、一條道路，〔註29〕而九境的發展目標亦是證成人之如何成就生命的真實存在。以下，我們便將以此來考察九境發展。

〔註29〕這橋樑道路不必唯一，此意參《心靈》上，頁7。

第三章 作爲「客觀境界」的心靈境界

第一節 世界爲無數獨立唯一的個體事物所組成 ——萬物散殊境

　　所謂萬物散殊境，「唯意謂一切事物皆散殊並列，各爲唯一無二之個體。」（《心靈》上，頁 59）換言之，世界由無數事物所組成，而這些事物皆分散而立，各有其特殊性，各爲唯一無二的個體。由於此時人所見之世界爲無數獨立唯一的個體，因此唐君毅先生在此又名之爲「觀個體界」（《心靈》上，頁57）。在此我們要小心的是，此個體並不只是一般物質之意，而萬物散殊境之物亦不需只是物質義，唐先生言：「吾人在日常生活中所謂物，則其義不必如此專而狹，只須各爲一存在，而相互散殊並列於世界、或時間空間者，即皆可稱爲物。」（《心靈》上，頁 58）亦即此處之物即「存在」之意，只要能呈現於時空中，便可稱爲物。即眼前所見之一張紙是物，意識中呈現之一張紙亦是物，因爲它亦是呈現在時間中的一個存在。

　　唐先生以爲就世界中之個體爲唯一無二此點而言，是此境的眞實觀點，是正確的，唐先生言其爲個體之「個體性」（《心靈》上，頁69），個體性包含二個意思，一爲個性，即通常我們所說之這個和那個的區別所在，即該個體之唯一無二性；二爲體性，即常在之意，換言之，當我們說一物具個體性，就是說它是一個唯一無二的常在個體。萬物皆爲唯一無二的常在個體，這是此境之「明」，但是如果我們以爲世界「只是」一個萬物散殊境，個體與個體間無關係，沒有其類同性，則又是「一大無明」。（《心靈》上，頁 142）

本節就是要探討唐先生對于事物之個體性如何可能與萬物散殊境之建立及其不足的說明。不過，在我們正是著手之前，要先說明下列二個問題。

第一個問題是：既然在第一章第一節已說心境感通是主客一體之感，則何以此時人有客觀境界之產生、有主客對立的現象？換言之，由感通出發，客觀境界產生的合法性爲何？

第二個問題是：在客觀境界中，萬物散殊境何以首先產生？即萬物散殊境出現的合法性爲何？

主客感通何以至主客對立而有客觀境界之產生呢？這可順著前一章的感通說下來。在每一個當下都是心境之感通，而這當下感通又是攜帶過去、跨越現在、邁向未來，在第二章我們把這種性質叫「歷程性」；另一方面，就心境之感通言，知情意是不可分的，在第二章中，已說明此時的情是「感受」、「接受」之意，即可接受外境呈現之性相，唐先生以爲在這被動的情之外，我們還有另一主動的情，這情亦和知相連而不可分，此情就是一「望」（期望）或「求」，就是當心境感通，心知境之性相時，人便有一「望」之情產生，唐先生云：「人原是是有此望，存於其感覺之後，而澈於其感覺之中，與之不可分。」（《心靈》上，頁99）而望的內容有二點，「此望可只是自覺的或不自覺的望一超越於一切已有之感之外者，〔註1〕亦可是自覺的不自覺的望外之所感者之內容，類同於此反觀所及者，此即形成一嘗試之判斷。」（《心靈》上，頁104）換言之，因爲有「望」存於感通之間所以我們不管是自覺亦或不自覺都要超越以往一切已有之所感通的對象，但是這超越又不是完全地捨棄，它還將已往所感通的性相保存，而與現在所感通者做類同與否之嘗試判斷。而若「望」之不得，或判斷之誤時，便產生主客對立。唐先生云：

> 人若望而求之不得，或判斷其有而於感覺所對境中無，則此心之用
> 之表現於「其望與求及判斷中，對觀念概念與其中性相之執持者」，
> 即與「感覺所對境中之物之性相」相分裂，亦如與其自體相分裂，
> 成一主觀客觀之對立。（《心靈》上，頁90）

換言之，在人攜帶以往之性相而跨越現在時，人因有期望之性相而判斷錯誤，而知所執持之觀念性相與現所感之境之性相不同，而知原來是有主有客的，亦即人之每一當下皆是一感通，此時雖是主客一體感，但人可由感通的歷程性而知主客亦是對立，然而這對立並不妨其統一。

〔註1〕望的此項性質就是上章所言的超越性。

在上面的說明中，唐先生的意思主要就是心境之感通原是主客一體，但因心有期望，而有判斷，而有主客之對立。這其中的關鍵就是「望」的必然性，望有必然性，主客對立才有必然性，主客對立才會產生，底下便說明「望」的必然性。

唐先生由心之感通說起，他認爲感通的對象可爲實境，亦可爲虛境，這是因爲人之感覺不只是被動地接受對象，感覺也是自動的行爲。〔註2〕「人任何自動的行爲活動之無阻處，即皆可由此阻之無，而感知一虛空之有。」（《心靈》上，頁 99）人如何能感虛呢？這是因爲人任何自動的行爲活動之受阻，而感到一實境，而感實，但此阻礙去除時，便能感一虛境。舉例而言，身體之運動，遇到牆而受到阻礙，則知道該處有牆，而不虛空，如果通而無阻礙，則我們便能感知該處爲一虛空。「有阻可感知，無阻應亦可感知」（《心靈》上，頁 99），由此來看，人之循著牆壁而觀其顏色，至牆壁顏色盡頭，人亦可感知其顏色至此而無而空，人如何能於顏色盡頭而說沒有牆壁的顏色，唐先生以爲這是因人以其初循著牆的顏色而期望其有顏色，而後期望不能實現，才可說色無，〔註3〕唐先生曰：

> 人之謂此色爲無，唯以其初望其有色，而不自覺的判斷其有色，後來未能感知色，方謂色無。此無乃後于此望與判斷者，非初所感覺者也。此則誠然誠然。人若先無上述之望，與一由之而有之不自覺的判斷，誠不能感知此空。然人原是是有此「望」，存於其感覺之後，而澈於其感覺之中，與之不可分。此「望」又自可引生一不自覺的判斷，更自澈於此判斷之中，而更望此判斷之爲眞。（《心靈》上，頁 99）

換言之，人能感空是因心中有「望」，人若無此一望則不能感空，今能感空，故「望」一定是有的。當感通之時，心中便有「望」的產生。「將任一直覺中之表相，離其餘之表相，而期望其再重現，以實成吾人對之之再認，而自覺此所再認；此表相即成爲一普遍的觀念或概念之內容；而人之更本觀念概念以期望，即形成判斷。」（《心靈》上，頁 117）有期望的參與，所以表相可形成觀念概念；有期望的參與，所以由觀念概念可形成判斷。所以「判斷妄者，即人判斷如此，更望感知一能證判斷爲眞者，而失其望之謂也。」（《心靈》

<hr>

〔註2〕參見《心靈》上，頁 99，另亦可參考第二章第一節的論述。
〔註3〕本段所舉例，俱見《心靈》上，頁 99。

上，頁 100）不過，「望」並不只於判斷之中，唐先生以爲此「望」在於人之一切活動之中，如感情、意志、感覺之中這是因爲人之感通原是知情意不可分的，今「望」於感通中，故在知情意中，當有「望」。

由以上，可知「望」有其必然性，故人亦將產生主客對立。如此我們便可說明客觀境的產生了。

爲何客觀境先產生呢？這是因爲「人初皆爲一天生之信有客觀存在之實在論者」（《心靈》下，頁257）爲什麼人在開始時是天生地相信有客觀存在的實在論者呢？由上文我們已知，感通是主客一體之感，我們可稱爲心境的互相內在關係，例如眼見一紅色物，耳聽到一聲音，就眼與某顏色物之間，耳與聲之間都是互相內在，然而就在「眼色」與「耳聲」之間卻是互相外在的關係。換言之，由於感通的歷程性，有無數心與境的感通發生，就現在之心境感通要過渡到下一心境感通時，「必先視此另一境，外在於其當前所對之境，而如只爲一外在之客觀存在」（《心靈》下，頁 256），因爲如不視另一境爲客觀存在，則無法說明下一心境何以能成就其感通。所以人在此「過渡之觀」（同上）下，必然會成爲相信有一客觀存在的實在論者。用一較淺的例子來說明，例如在我左邊有一本書，在我右邊有一隻筆，我先看左邊，而有眼見書之心境感通，當我轉頭看筆時，便有眼見筆之心境感通，在我見書後，而見筆，其必先信筆爲一客觀存在，否則便無法成就眼見筆之心境關係。

客觀境中，萬物散殊境出現的理由是：

> 人之知，初乃外照而非內照，即覺他而非自覺。人之知，始于人之
> 生命心靈活動之由內而外，而有所接之客境，……而觀個體之事物
> 之萬殊。（《心靈》上，頁47）

這段話由前文的脈絡來了解，即是人乃先知有客觀存在，而後乃至自覺，例如人要看到外在事物，方能知道有視覺的作用，而我們所覺察的世界，起初乃是察覺這個事物、那個事物……等所合成，換言之，唐先生從萬物散殊境開始的理由乃是以人對世界的覺察脈絡爲理由的，不過在此須說明的是在第二章中我們說感通乃是先感知境之相（現象），但這並不妨礙此處以個體的觀察爲世界之始，因爲此處的對象已是世界，而非一刹那的感通而已，故已有歷程的綜合作用，故可就性相常在而說有個體的存在，因而對世界的覺察以個體爲始點。

現在我們便可正式處理萬物散殊境在哲學上所要面對的問題。在日常生

活中，我們似乎可以成立一萬物散殊境（世界爲無數唯一無二的個體事物所組成），就是說世界由我眼前所見的筆、紙、書、桌子、我的父母、朋友（人在此亦爲一個體）……等所組成，〔註4〕但在哲學上便要問個體性如何成立？如何建立萬物散殊境？

關於個體性如何成立，唐先生首先檢討了西方關於成立個體性的四個說法，即外觀個體、內觀個體、上觀個體、下觀個體。

所謂外觀個體，是由性相說起而建立個體的思路而言，指謂的由柏拉圖經亞里士多德、多瑪斯，至近代的科學唯物論的這一發展而言，這「外觀個體」所提供的思路是「吾人如何可於一物體所表現之性相、形相之外，更可說其爲一個別的實體」（《心靈》上，頁71）？因爲我們專就一物之性相來看，都是有其普遍性，如紅色方物的方與紅及其他性質，都是一普遍的性質，那麼這些性質如何聚於一處，以成一實之物？此必須依賴此諸普遍性質之「外」的一個原則來說明，外觀個體之外觀的意思即在此，即必須肯定有諸普遍性質之外的某原則，來做爲個體性成立的條件，〔註5〕此一原則在這個說統中，便是「物質」，「物質即可稱爲此諸普遍性相，得聚於一處以成一獨立之實體之根據，亦即諸普遍性相之個體化，以得成爲個體之原則。」（《心靈》上，頁71）唐先生以爲依柏拉圖，此物質有積極與消極二意義，積極意義即物質能接受與表現某些性相，消極意義即物質能限制某些性相表現於其中，而不能表現其他性相。〔註6〕

所謂內觀個體，是由作用說起，而建立個體的原則，指謂的是來布尼茲的說法。這說法認爲由性相與物質來說個體是不可通的，「因佔空間之物質必可分，分則爲多，即非單一之個體故」（《心靈》上，頁75），另一方面，二物性相全同，爲何上帝造此二物時，「一在此位、一在彼位，亦無理由可得，而不可理解故。」（《心靈》上，頁76）所以來氏由個體內部具統一性來界說個體，所以唐先生稱此爲內觀個體。〔註7〕「而此統一性，初唯於人心中見之」

〔註4〕日常生活的萬物散殊境，即常識中所認爲的萬物散殊境，說明參見《心靈》上，頁59～60。

〔註5〕此處的外，決非是李杜所言：「他們所建立的個體理論雖彼此不同，但皆以個體爲一外在的了解對象而加以確定。」的外，見氏著《唐君毅先生的哲學》（臺北：臺灣學生書局，民國71年），頁61。另參考《心靈》上，頁71。

〔註6〕參閱《心靈》上，頁71～72。

〔註7〕此內觀之所以爲內觀亦非李杜所言之個體「只能由人的內心的思辨上見」的意思，參同註五書，頁61。

（同上）換言之，這是由人心能夠知覺不同之物的性相，而有其統一性，由此我們可以說「此心之能知覺能統一，乃心之用，此爲心之個體性實體性之所托。」（同上）因爲心的個體性實體性乃由心的統一作用而成立，所以來氏認爲一切存在之物皆有類似人心的心子。所以這是就心子的作用、心子的活動，心子之能統一所知覺的散殊相而言個體，而非外觀個體之以相說體也。〔註8〕

所謂上觀個體，是指「以一絕對之個體，銷融一般之個體」（《心靈》上，頁 80）的思路，指謂的是菲希特、黑格爾以降至柏拉得來、鮑桑奎、羅以斯等的說法。這種思路認爲一般的個體所具有的性相功能，皆能超於此個體之外而見其具有普遍意義，通過此具有普遍意義的性相功能來看分立之個體，便自然趨向通貫此分立的個體，所以個體的觀念，逐應當移用到此通貫一般個體，而合成的一絕對的全體，在此處超於個體之外的性相功能，指的主要便是人之道德理性，「緣人與我之道德意志及其他之客觀精神、絕對精神之表現，而上觀人我人格之精神之表現交會通貫，所成立之說。」（《心靈》上，頁 109）換言之，即由相對的人格互相交攝通貫，而成立一個絕對之個體。〔註9〕

所謂下觀個體，是指把個體物分析爲事的思路，指謂的是羅素、懷特海的說法。這下觀個體，其原初乃在取消西方傳統哲學中之實體觀念，〔註 10〕以事之相續，代替實體的常存，認爲所謂實體如心體物體，都是人就屬於心的事、物的事所構造而成的觀念，它自身並沒有實在性，所以以事件或懷氏後期之現實情境來取代傳統中的實體觀念。他們認爲事或現實情境具流逝性，接一逝不回，永無重覆，唐先生以爲此無異謂事各爲一唯一無二的個體。〔註 11〕

對此四種個體的看法，唐先生以爲皆不能說明個體性的成立，主要原因在於「此諸西方哲學，在其緣事物之性相、作用，以說到事物於此表現之性相作用之外，有實體時，則有種種之困難。」（《心靈》上，頁 87）

對於外觀個體唐先生認爲此思路的錯誤是：

〔註 8〕 此段論述參見《心靈》上，頁 76。

〔註 9〕 此段論述參見《心靈》上，頁 80、109。

〔註 10〕 即懷特海之「簡單定位的謬誤」，參朱建民編譯：《現代形上學的祭酒——懷海特》（臺北：允晨文化公司，民國 77 年），頁 67。

〔註 11〕 此段論述參見《心靈》上，頁 81。

　　第一、「見物之有其所不表現之性相，而可說其無此性相，所形成之一錯置之想」(《心靈》上，頁92)，唐先生以爲柏拉圖之以物質可積極表現某些性相，〔註12〕而又有消極限制意義的說法，是將我們依一性相來判斷某物，而將判斷結果之是與非所引起之有與無的觀念附屬於物，而忽略了有無觀念的來源所造成的結果。舉例而言，我們觀察眼前的杯子，而用紅色或白色來對它作判斷，我們固然可以說此杯子是白色，而不是紅色，或者說它有白色性質，而無紅色性質，所以我們說紅色性質在此杯子之外，由此乃見此杯子性質的限制，「對此乃由吾人以 B 思此物，方見其無此 B 更謂其有此一限制。則此限制，可唯對此思而見，非必謂此物自身能於 AB 等性相觀念之自身，加一限制作用，使只表現其一，更排斥其餘也。」(《心靈》上，頁 88) 亦即因爲我們由紅色性質來判斷，才發現杯子沒有紅色性質，所以這杯子沒有紅色性質是由我們的思想而來，並非杯子本身能對白色紅色等加以限制所產生，所以「如吾人於此某物是 A 者，自始不以 B 思之，則此物可無非此 B 之義，亦無此『無 B』之義，即無此所謂限制之義」(同上)，如此柏氏之物質之限制義不能成立，柏氏之個體性不能成立。

　　第二點是柏拉圖「將『人在有求分裂之主客之統一』之一目的時，所感到之『限制性、物質性』，移用於物之自身，所造成之一錯置」(《心靈》上，頁92)，柏拉圖之物質之限制義不能成立，因物質這限制性只是人求統一主客之分裂時，所感到的限制性之誤置。上文已說人因有期望而生主客對立、主客分裂，但心靈又有其統一性，〔註13〕所以人心要統一此分裂，統一此分裂有二種作法：

　　　　人或自變其「望求之情與判斷」等之不合其感覺對象之物，以另形
　　　　成一與之相合之望、求、判斷；或以行爲變化此其感覺所對之，以
　　　　引致一「合於所望、求之情與判斷中之觀念、概念之物」之存在，
　　　　以爲新感覺所對。(《心靈》上，頁 91)

亦即改變自己的期望或判斷，或者改變對象，來使主客分裂得到統一，限制的意思就是對此統一的目的而言，限制此統一的目的的達成也，「物質性之即限制性，亦於此方可說」。(同上)

　　唐先生以爲外觀個體之所以會有此錯置的理由，乃「由此不同層位之心

〔註12〕就柏拉圖言，此性相指理型或形上的理念，參《心靈》上，頁72。
〔註13〕心靈的統一性參見第二章第二節。

靈活動，原可由一方向，依次序轉至另一方向而滑下，更將其由一方向活動，所形成之觀念概念等，亦滑下，而移用於其感覺所對，以使不同層位而亦不同類者，化作同類之故。」（《心靈》上，頁 92～93）換言之，此乃由於心靈活動之三向──次序、種類、層位，與心境感通之歷程性具有保留過去之特性所造成，以至於在該有層位、種類之分處未分，而以消極的限制性爲物質、爲普遍性相之特殊化、個體化的原則，而造成錯誤。

對於內觀個體，唐先生以爲此思路，「其說之問題，則在其視物之力用之及於人心，而表現之性相，只屬人心之主觀，視人心所對性相之全體，屬一主觀封閉之世界。」（《心靈》上，頁 93）因若人心所形成的是一封閉無窗的，那麼人最多只能說他本身爲一個體，而不能說其世界中某些「性相的集合」，與其他「性相的集合」不同，就代表不同的客觀個體，因爲性相的集合終究只是性相的緣故。

對於上觀個體，唐先生以爲「依此而說只有此絕對者爲一個體，則只有上觀，而無下觀，而未能正視此『絕對』唯依於相對之人格之意志與精神而存在之義。」（《心靈》上，頁 109）換言之，就是要問：此絕對者是如何成立的？乃是依於相對者之意志與精神之相攝相涵而成立的，故「實必待先有此相對，以供其泯化。」（同上）所以沒有相對就不能成就絕對，上觀個體者並不能認爲只有一絕對者爲個體，而沒有相對者之個體存在，否則絕對者亦無法成立。而且就相對人格之個體而說相通貫，亦只能是「內外對通、橫通以觀之，而非在上通、縱通以觀之」（同上），因爲相對者此時所貫通的是其道德意志，對通才可成就眞正之全體道德倫理，而又不失其個體的意志，如果上通，則將泯沒相對者之個體人格，而「只成渾然一體之形上學與宗教經驗而已。」（《心靈》上，頁 110）但是內外對通，互相通達，而成爲貫通全體下之相對個體要如何分辨其中之差異呢？唐先生以爲這並不能依其性相之不同來說明，因爲人格精神對通到達完滿境界時，人我之精神內容之性相亦互相通達而同一化，故無法由性相之不同，以分人我，唐先生以爲在此通達情形下，「此人我之非一，可惟自人我之精神意志之活動之方向不同而說。」（同上）唐先生在此顯示出他重心靈活動的方向的傾向，他以爲縱然感通活動中之性相全同，亦有出內至外或由外至內的方向的不同，如人愛我，我愛人，愛雖然相同，但活動方向不同，一由我到人，一由人到我，故可分別人我，唐先生將此性質叫「知之指向」。（同上）

對於下觀個體，唐先生以爲，就事件之流逝性而言，雖然事件皆可爲唯一無二之一件事或一「個事」，乃正因其一去不回，所以無「一般所謂『體』所具有之某一『常在』之義」（《心靈》上，頁 112），因而不必具有客觀存在之「體」義，所以亦無法成就個體之個體性。

說明了以上四種不同說法都不能成立個體的個體性，唐先生要如何來證明個體的個體性呢？我們可以從上文所談及之「知之指向」說起，知之指向亦是心靈活動，所以亦具有次序先後方向，由知之指向之先後次序之不同，便能區分出個體之不同，唐先生云：「即於此知之指向之一一次序先後中，爲此所指向之一一事物，分別定位，以見其一一有爲唯一無二之個體之意義。」（《心靈》上，頁 110）舉例而言，在我面前，有書、筆……等不同的的東西，我怎麼知道它們不同呢？不一定要外觀、內觀、上觀、卜觀，只須就知之指向之次序先後不同便可確立，如我們先感知筆，再感知書，就此中有次序的先後而分辨，而且即使是性相完全相同的筆，亦可如此分辨。也許我們會懷疑，如此分辨，豈非是說它們時空位置之不同，而說它們之成爲一個體嗎？如此豈非要像牛頓預設一絕對空間嗎？唐先生以爲不須預設一絕對空間，因爲「對一無任何物質存在於其中，一空無所有之空間，如何可對其中之一一位置，加以分辨？」（《心靈》上，頁 75）亦即一空無所有的絕對空間是不可想像的，必要有物體存在才能分辨空間，就像我們一般分辨空間位置，乃以一物爲參考中心，而自其上下左右前後諸方向，來看他物和此物的距離關係，才能決定他物在空間中的位置一樣。所以要說空間，便須先知物與物的關係，而物與物之不同又依於知之指向之不同，故追根究底，唐先生的空間觀念乃依於心靈活動的方向而建立的。〔註14〕

但人又如何辨別知之指向之次序先後呢？唐先生云：

> 此知之指向之次序先後之辨別，則只須待吾人不自覺的『望』一方向次序中所感之事物，再見於另一方向次序中，而不得時，即可有者。」（《心靈》上，頁 110）

這段話似是循環論證？因爲我們現在要說明知之指向次序先後的不同，而在說明時，卻又用了「一方向……另一方向」，因而用了證明的命題來證明，頗有循環論證之嫌，不過依筆者意，此處之所以有令人生循環論證之疑的精義在於唐先生認爲感知的活動是脫離不了感知的內容的，感知活動就是感知到

〔註14〕關於唐先生的空間理論，此說得很簡略，在感覺互攝境會處理這個問題。

某些內容，這也是他為何要將心境的「感通」做為哲學起點而不從心或境其中之一開始的原因，故他說：「境不一，心靈活動亦不一，而各如如相應，而俱起俱息」（《心靈》上，頁14）所以唐先生在此論述知之指向之先後的分別，便亦脫離不了感知的內容，因而他在感通的活動背後，要加上一個自覺或不自覺的「期望」，這種期望的內容就在於求同，因求同而有不同，才有上文之感空、感無的現象產生，才可有次序之「先後」的分別。〔註15〕

從以上，唐先生乃由知之指向的次序先後而說明個體的個體性（即其唯一無二性），而將一一事物，皆「分別定位」而成其為個體，由這些個體組合便成萬物散殊境，他以為這樣成就的萬物散殊境是主觀的，仍然沒有「常在」的意義，仍然不能具有客觀存在意義。

由於要求個體「常在」以具有客觀存在意義，所以唐先生以為「凡個體，無不有歷史」（《心靈》上，頁116），而這點可以在感通的歷程性（攜帶過去、跨越現在、連接未來）的基礎上加以解決，他說：

> 吾人知中所謂個體物一一之相時，此知之指向於相，同時即有一將
> 此相「推出於外，更以之期望同類之相之呈現」之活動；而此期望，
> 更必須次第得其所期，以見有一群恆常之性相續呈現，然後得有常
> 在之個體物之建立（《心靈》上，頁115）

這段話的意思便是不能依一相之存在，就可肯定常在個體之存在，就個體而言必得有「一群恆常之性相之相續呈現」，而由其中更迭相依而起之性相來肯定常在的、客觀存在的個體，這裡所謂「性」、「相」意義如同第二章之論，性相中顯者叫相，隱者叫性。肯定有性，是從其重現而符合期望而被再認的可能，而再認其相，就是說「物有能再表現其相的一性」（《心靈》上，頁118），因為初認知的相已流逝，所以此再認之相並不能說依初認之相而起，只能說

〔註15〕這種「望」的看法，初看到是感到甚奇怪的，如果從外緣看，我們可以用較親切而具體的例子來說明。唐先生在十五歲時，閱當時之雜誌有關心理學中之人之本能者，諸家所說不同，乃更思人之本能或基本心理，究竟有多少？當時歸納有六種，而這六種都出於人之「求同」的行為，如仁愛之心，始於我之同情於人、人對事物之好奇，也是要求新奇者與昔之所知者的相同處，加以類比，也是求同的行為，這些可以看為「求同之望」看法建立的歷史因素，參《心靈》下，頁468。但小心這只是歷史因素，唐先生在此乃是要給予一哲學上的說明，所以我們不能把它看成心理學上的期望或欲望，否則必覺唐先生的哲學室礙難通，我們一定要否定這種心理學的看法，才能了解這「望」之性質。由此我們也可了解何以我們要去證證「望」應主的必然性。（即包是先驗的）

依此相之再表現的可能而起，這再表現的可能，就是「性」。「凡吾人所謂一眞實常在之個體物……無不可說其所表現之不同性相間，有一更迭相依而起之關係，於此關係中見其爲一統一之個體。」（《心靈》上，頁 118）言，即此相顯，但心之感知有其超越此相至另一表相，此相便隱而化爲性，由心之指向之不停的歷程作用，若性可顯爲相，而符合吾人所期望的同一之相，則能肯定此個體爲「常在」。要注意的是這裡的符合，當非一瞬間，而是有其次序歷程，如此方能肯定「常在」個體。

但個體常在並不就是永在，當它之性完全表現爲相，而不可再表現時，就是不存在，唐先生云：「一個體物之表現一相後，若一隱而不能再顯，則可謂此相既無，其相亦與之俱無，而物亦無其繼續成其爲物之理，而物即毀。」（《心靈》上，頁 124～125）亦即個體物雖常在但亦可毀。

唐先生認爲如此由知之指向於物之性相間的活動，便可建立萬物散殊境。但此處又有一疑問，我們通常都承認我是一個人、一個體，是萬物中的一個個體，但現在，世界中的個體又依我知之指向活動而建立，我就應和此無數個體不在同一層次，而統攝此分別的個體，而不可視爲一個體，如此則其中矛盾矣。

唐先生對這個問題的解答，是將我分爲上下兩層，一層爲超越我，一層爲經驗我，超越我指的是能以知指向萬物的我，經驗我就是與萬物在同一層次，而可爲超越我所指向的我。

就經驗我的成立條件，與萬物之成立條件相同。這不是只就反省經驗我過去有何經驗，因爲只就有一些經驗言，並不能抵擋休謨之只是一束經驗，而無我之個體性可能的批評，唐先生仍就知之指向與性相之輪流更迭來建立經驗我，此論述與物之敘述相同，故不贅。〔註16〕就超越我言，即第二章所言之心靈主體。

然而分爲兩層之我，如何又有其統一性，以見其都是我呢？而且外物與經驗我皆由超越我的知之指向攝入外物與經驗我的性相而建立，那麼超越我與外物、超越我與經驗我兩者又有何不同？如果沒有不同，則我們由超越我能建立經驗我的個體而名其爲超越我，是否可由能建立外物的個體性，而叫超越的物呢？

對於超越我與外物、超越我與經驗我兩者的不同，唐先生以爲，外物對

〔註16〕可參閱《心靈》上，頁127。

超越我沒有存在的必然性，而經驗我卻對超越我有存在的必然性。外物對超越我沒有存在的必然性，是因爲超越我的知之指向活動，可指向一無物的世界，如「御空而行」（《心靈》上，頁 130），他引康德之帶範疇的知之指向活動，用於可能經驗世界之外，不能形成對形上實在之知識，必有二律背反產生的理論來證明知之指向活動可行於無物的世界，而知外物對超越我無存在之必然性。但在另一方面，經驗我卻對超越我有存在的必然性，因爲超越之所以爲超越的意義，便在於先有經驗可讓其超越，即心靈超越經驗的限制以成其超越，故超越我可說是無限的，經驗我可說是有限的（否則亦無法成其個體性），由此便可言超越我與經驗我都可稱爲我。因爲在此它們統一了，統一的方式便是「無限必須表現於有限，因爲由有限的超越破除，而後才顯出無限。」（《自我》，頁 161）換言之，超越我之超越限制的無限意義是內在於有限的經驗我中，藉著內在於有限而破除此有限而顯出它的無限。〔註17〕

至此由超越我、經驗我、我外之個體人物我們可確定萬物散殊境的成立有其眞實性，由此萬物散殊境的眞實，唐先生乃以爲「世間之一切個體事物之史地知識，個人之自求生存、保其個體之欲望，皆根在此境」（《心靈》上，頁 47），亦即乃皆有其眞實的一面。

但人若只認爲世界只是一萬物散殊境，則又是「超越的我之隱沒於其自體之一大無明」（《心靈》上，頁 142），原因是超越我的明本來要在無明中破除無明而顯其明，人若不自覺，則超越我之自覺便似「撤回而退縮，……亦可說爲其自身之隱沒於其自體，而更不活動、不呈用，以歸一無明。」（《心靈》上，頁 139）此亦即一般個體主義之無明，它未能了解個體雖然是眞實的，但卻依於超個體之知之明而建立，故個體亦當被超越。作爲追求元序、大類、大全的哲學，以說明宇宙人生言，此當再問「個體與個體間的關係如何？」如此便進入依類成化境。

〔註17〕我在這裡引用《道德自我之建立》中的概念來證明，是因爲唐先生在《生命存在與心靈境界》中說得稍簡，而且他引黑格爾的說法來證明，疏解起來很麻煩，如這段話：「此自覺之能，及包涵其下層所自覺者爲其內容。由此包涵，而人可以此所自覺者論謂或判斷此自覺之能，而將之歸屬於此能之主體，以爲其屬性或性。」（《心靈》上，頁136）乍看之下顯然不通，自覺的對象怎可以來判斷「能自覺」呢？而唐先生在此無一語釋之，就其實，此所自覺者指的是精神的表現，此能自覺指的是精神，由精神的表現見精神之性質，此則較通，不過如此說來，則迂迴矣。又這裡的超越我和經驗我之關係與第二章第二節之體和用關係是一樣的。

第二節　世界爲各種類之事物合成──依類成化境

　　當人追問個體與個體之關係時，便發現其間有相同之性相，以性相爲主，來觀萬物，人便可以此相同或不相同之性相爲萬物分類之原則，那麼世界便成爲具有繁多種類在其中的世界。

　　換言之，這依類成化境乃以個體爲其基礎的，故唐先生言：「關係，初爲諸個體之關係，種類，亦必以個體爲分子」（《心靈》上，頁 171），個體的存在是眞實的，但如果認爲只有個體的存在，則又是錯的，所以這節我們才問個體與個體間的關係，而發生類的看法。由個體與個體間的關係，產生類，中間的聯繫便是性相的概念，這性相的概念就是人用來形成一類的概念，叫類概念。因爲我們可以從一個個體說出它的性相、性質。就其性相與另一有性相之個體相同者，便產生種類的概念，換言之，一類就是具有同一性質的個體的集合。舉例而言，白紙和白布它們白的性質相同，就其爲白的性質的事物的集合而言，便爲白色事物這一類。

　　以上是從個體與個體間說明類的來源，當我們肯定有類概念，而可以類的觀點來看世界時，類就不必在個體間才成立，因爲單類（該集合只有一個分子）也是類，換言之，以性相、性質爲主來看世界，個體便在其籠罩下，而不可逃於此外，如人見一從未曾見過的某色之物，雖然未見其他與其相同顏色之事物，但亦可說，此物屬於具某顏色之類，唐先生將此稱爲類概念的「天羅地網」（《心靈》上，頁 156），另一方面，不僅人所面對的世界事物，不能逃於類概念的天羅地網，人所運思之思想知識亦在此天羅地網中，因爲人之判斷、命題、推論……亦屬於人之思想活動這一類之中，人之自思其思想爲如何亦必用類概念，所以唐先生云：「此即見人之依類以形成其思想知識與言說之運行與變化之事，可於外外內內之世界，無所不運」。（《心靈》上，頁 159）

　　類概念所成之世界雖然是一天羅地網，任何個體皆於其中，但此世界亦有其極限，唐先生云：

> 此能用類概念以思想之主體，則又理當超越於其所用之任何類概念
> 之上，而不只存在於此所用之類概念之中。（《心靈》上，頁 160）

就經驗我爲一個體言，它當然屬於各種類所成之世界中，故此處之主體當指超越我，就超越我的超越性言，當然可超越於其所用之任何概念之上，但就其爲超越「類」言，是否可屬於超越類的這一類中而仍在此天羅地網中呢？

唐先生以爲之所以會有這個疑問乃是超越我的作用的相續不斷歷程截斷，視超越我爲靜態的存在，方有此問，「然此超越類之思想活動，正生時，其自身只是超越類即已出類，而不容吾人之以此類眼觀之。」（同上）亦即超越我乃不斷地動態地活動，就其爲相續的活動言，便不容吾人將之截斷而視之爲靜態的存在，故此問不存在，類概念之世界有其極限。

綜合以上，可以得知類世界有上下之極限，下極限就是散殊的個體，上極限便是可超越一切用類概念所成之思想活動，「以息此類概念之應用之思想活動」（《心靈》上，頁 161），人在這上下二極間所見的世界就是一有類的世界。

在哲學上，人在這個有類的世界——依類成化境中所要面對的問題，便是有關類本身的問題，例如眞有類嗎？沒有類爲何會有類概念的產生？如果有類，類的存在樣態又如何呢？

唐先生首先檢討了西方有關的說法：他分爲上觀類概念之實在論、內觀類概念之概念論、下觀類概念之唯名論。

上觀類概念之實在論指的是柏拉圖的思路，就是指類概念的內容（即普遍性相）是形上實在。唐先生認爲這種哲學的出發點，乃是在看一個體之性相的更迭變化時，「必見其出於其先所屬之類，而入於其後所屬之類。」（《心靈》上，頁 163）例如一棵數的長成，就其一生言，有其固定的性相，而可稱做只是某類的樹，但就其生長歷程中，由芽而葉而花，亦是類的變化，前者可稱爲大類，芽、花、葉可稱爲小類，當其由芽而葉時，便是由芽這一類發展到葉這一類，由芽的性相變化到葉這一性相。在此，人的思想必先思此後來可呈現的性相爲一存有。「因若其不存有，則此思想亦不能先有，類概念亦不能先有故。」（同上）如此看來，一切個體的生長變化，便是在一無數性質種類所合成的世界中變化，也是在可爲人之思想所形成的類概念思想中生長變化，換言之，個體的生長變化就是實現人對其之類概念，但就人能形成種種類概念言，又是屬於能形成類概念的這一類，故這「『類之思想，類之概念』之自身，亦可先預設之爲存有，而爲人未知之時，即已存有於宇宙之中，以屬於一客觀的思想世界。」（《心靈》上，頁 164）這就是柏拉圖的「上觀類概念的實在論」。

內觀類概念之概念論就是承認有普遍概念、普遍性想，但這些都不是客觀實在，它們只能存在於主觀的人心，類名（類概念的名稱）就是用來表達

這些類概念。

　　下觀類概念的唯名論者，認爲既然類概念的內容來自個體，它所指謂的也只是個體，所以類概念沒有實在性，它只是一個名稱（類名）用來指謂個體罷了。

　　對於以上種種理論，唐先生以爲若要加以取捨的話，便要著手探討類概念的性質，如果知道類概念的性質，那麼便知以上三理論的對錯。以類概念的性質而言，唐先生以爲這三種理論都對，但也都錯。唐先生在此再次顯出他哲學的特色，即重歷程，〔註 18〕心靈感通有其歷程性，個體有其歷程性，類概念亦有其歷程性，而這些理論都只站在一點來看，就其站在該點言，他們都是對的，但就一整體的歷程言，則他們又是錯的（沒有全對）。從另一方面說，也就因爲唐先生哲學重歷程義，加以心靈活動有三向（上下、前後、內外），所以當他論述各家學說，便常以各家學說站在那一點來看，而稱之爲外觀、內觀、上觀、下觀……等，例如在萬物散殊境他評論了四種對個體的看法，外觀個體、內觀個體、上觀個體、下觀個體；在依類成化境他要討論上觀類概念、內觀類概念、下觀類概念三種說法。

　　以下我們便說明類概念的性質。前面我們已經說過個體肯定是有的，所以現在我們的感通經驗可以說是對個體的經驗，就個體是特殊的、唯一無二的，此經驗亦是特殊的，在個體間的性相若是可重覆的，那我們便說這一性相乃是普遍的，如同白紙和白布，就其皆爲白言，可說白色是普遍的，所以唐先生說：「凡前後經驗內容可相貫通者，此內容，即實見爲一普遍者。」（《心靈》上，頁 185）但就其未貫通者，對此相同者言，即是一般所謂特殊的，如上言白紙和白布中，紙和布都是特殊的，但這些雖皆是特殊的，如果我們又見一紅紙，則紙又成爲普遍的，所以一個經驗之內容皆可爲普遍的，但它確實是普遍的，則需依日後的經驗而定，如果確實有經驗內容與之相同，「而此內容爲人所自覺時，人即形成一普遍的概念。凡一概念皆可本之以定類，而成爲一類概念。」（《心靈》上，頁 186）如此一來，概念自其有一定的內容上看，雖是抽象普遍的，但是此概念內容，開始亦爲經驗內容，而其未普遍化

〔註18〕唐先生的學問之所以不容易了解，就在於他的哲學是一個「歷程」的哲學，而由歷程來的「即超越即內在」（無限的表現只能藉由有限，亦即消極的無限）觀念，是另一個理由。因爲不了解唐先生的「歷程」這個特色，便反而質疑唐先生用語之語義問題，例如勞思光先生便是如此，見勞著《書簡與雜記》（臺北：時報文化公司，民國 76 年），頁 265～269。

之時，亦與其他已普遍化而成爲概念之內容，一同存於以往之經驗中，如上言之紙乃在白（已普遍）紙之中，所以唐先生曰：「一概念內容之爲一抽象普遍者，初乃存於其他特殊之經驗內容之中。」（同上）

就這樣形成的概念言，一般稱爲抽象普遍的，唐先生在此有一特殊的看法，他認爲當我們以白色物的概念去判斷白紙，白色雖可和白紙的白相貫通重覆，但亦和紙相貫通，這裡所謂的貫通和上之貫通意義有些差異，上之貫通是重覆而所統一，此處之貫通是「挾帶其內容」（《心靈》上，頁 188）而有所統一，之所以白色可貫通白紙中的紙之理由，一是心靈活動的歷程性（挾帶過去），一是如果沒有此貫通，則日後我們經驗了紅紙，又怎知紙亦是普遍的呢？所以唐先生以爲概念乃是具體的，他說：

> 人之概念內容就其自身以觀，雖爲抽象普遍者；而就其所貫通於前後經驗之其他特殊內容以觀，則同時爲通於特殊者，而有此通於特殊之意義者。由此中之特殊者，無不可以其貫通於以後之經驗，而化爲概念之內容，則原爲概念之內容之普遍者，亦即可更爲此特殊者所規定，以升進爲一較具體之概念。……其內容所包涵之普遍者與特殊者愈多，其概念即愈進於一具體之概念。一愈進於具體之概念，即愈能把握一般所謂具體事物之各種性相關係之概念。（《心靈》上，頁 187）

這段話詳細地告訴我們概念如何由一般所謂抽象普遍而發展到愈具體的概念。了解這段話的關鍵在於「普遍內容初不能離一切特殊內容而存在」（同上），因爲普遍的概念是由貫通特殊的經驗而來，所以就他之爲超越特殊經驗言，它乃是內在於特殊經驗而超越之，而由心靈歷程性（挾帶過去跨越現在連接未來），當它內在地超越一特殊經驗，它是挾帶此特殊經驗向前走，換言之，概念雖超越于各特殊物而顯普遍性，但亦是內在此特殊經驗而挾帶之，故又具特殊性，如此唐先生乃說有「具體之概念」，而包含愈多普遍者與特殊者的概念，則愈具體。舉例而言，紅色的概念乃是經由紅花、紅霞、紅玉、紅火等紅之普遍化而成，但它亦挾帶有花、霞、玉、火等特殊性相，而花、霞、玉、火等又都可再普遍化，就紅色包含紅花、紅霞、紅玉、紅火之特殊而又可普遍化之內容，乃說它是具體的。﹝註 19﹞

由以上所論之類概念與經驗的關係，我們便可以來看實在論、概念論、

﹝註 19﹞例子引自《概論》上，頁 362。

唯名論之爭了。唐先生以爲就概念必有普遍內容，而可普遍地呈現經驗來看，「而謂之爲一眞實之實在，亦不得謂爲非」（同上），但就它是內在於經驗，而普遍超越看，類概念又不能離一切特殊內容而自在，而人們之所以能認爲它們超越一切特殊內容而在，是由於人們的思維作用，就此而言，概念論的超越一切的類概念只存於主觀的人心也對；就類概念之普遍性只能內在於個體經驗而言，類概念只能內在於個體，於此，唯名論亦有正確處。換言之，三者皆有些對，但卻沒有全對，因爲它們都只看到一點，而沒有看到整體的歷程。

　　以上所論爲類概念與經驗之關係，唐先生認爲這樣的關係，便是我們認爲有屬於各種類之客觀存在事物所合成的現實世界之根據所在。綜合地說，屬於某類的事物是客觀存在的根據，首先，必須我們的概念，隨順於感覺經驗事物的次第內容形成，「而自知不能隨意形成概念」（《心靈》上，頁 208），因爲就客觀事物如果可爲主體任意形成其概念，便不爲客觀，換言之，就主體的概念必須應合於感覺經驗事物而不可爲主體任意塑造言，它是客觀存在的；第二、就我們所得之概念來判斷物，而知事物次第而生之內容與我們的概念內容相應合，而見其爲同類，然後我們才可說此客觀事物屬於某類，如此我們便可說「世界由種種客觀存在的同類事物所合成之世界。」（同上），然而就一客觀事物之次序產生不同的性相言，是「次第出一類而入於另一類」（《心靈》上，頁 220～221）以上文所舉例言即某類的樹，由芽這一小類而入於葉這一類，但其仍屬某大類，故可說客觀事物有類之變化之事（雖然其是小類的變化），就此而言有超化其類的特性，如此我們所看到的世界就應說是「一切萬物依類而存在，又依類而成其變化演化之世界，即爲一依類成化之世界。」（《心靈》上，頁 223）

　　至此，我們乃可以了解世上可以有「關於事物之類，如無生物類、生物類、人類等之知識，人之求自延其種類之生殖之欲，以成家、成民族之事，人之依習慣而行之生活，與人類社會之職業之分化爲各類。」（《心靈》上，頁 48）因爲這些事物都有眞實的根據，這根據就是在「依類成化境」所展示的。

第三節　世界爲功能所次序運行——功能序運境

　　個體是眞實的，個體之上的種類也是眞實的，但這種類是既超越又內在

於個體，人如以「類」的觀點看世界，便得一類的世界，而萬物均出入於類之中，類便可統攝個體或萬物。就哲學為追求宇宙之元序、大類、大全言，若只停於這一步，則人便可說世界只是一無數種類所構成的世界，但心靈的本質是自覺的，人於此就哲學追求元序、大類、大全以說明宇宙人生言，當可追問：類與類的關係為何？在類之上是否有可統攝類者？

就依類成化而言，在類和類之間的變化便有功能觀念的產生，例如由甲類變成乙類，當其變成乙類時，我們便可說其有成為乙類的功能，如草木開花，即草木原具有開花的功能，不過這功能觀念亦成立在不同個體、不同類之物，如陽光照草木而開花，陽光亦具有使草木開花的功能。換言之，功能之意義即是可造成某種變化的作用，類與類間的關係可用功能觀念來統攝。而類又總攝個體，故功能的觀念亦可說貫通於諸個體間，唐先生曰：「此功能之概念，自始亦為一貫通諸個體物、諸類之物，而可說為較此所貫通之物，屬一較高之層位之概念。」（《心靈》上，頁232）

唐先生以為這種功能觀念表現在日常生活中，就是因果關係，與人之目的手段事。一物之功能作用於他物，而他物有所改變，此一物之功能即為因，他物的改變便是果，而欲得某結果便是此人之目的，人為獲此結果，便採取某些手段去備因以致果，所以「人之備因致果之事，初即由手段以達目的之事」。（《心靈》上，頁233）

若將因果關係、功能觀念放諸四海而皆準，則在哲學上便產生一些問題，如因與果關係如何？因與果是連續的或是斷離的，若是連續的，則如何分辨？若是斷離又如何產生？因中有果嗎？因中既有果，則又何必生果？因中無果嗎？無果又如何能生果？因果是經驗上的事，還是有其必然性呢？真有能力嗎？功能觀念如何確立？……等等，此最重要的是因果的必然性問題，這不只是涉到奠基在因果律上的自然科學成立與否，而是因果可理性化、邏輯化地理解嗎？

一般人解決這個問題的最簡便方法就是取消問題，即在此做個區分。把經驗上、事上的關係，叫因果；而把邏輯上、理上的關係叫理由與結論，[註20]把後者叫內在關係，前者叫外緣關係，這樣便解消二者的關係。

如此的解決是把因果關係看成是事的、特殊的、非理性的，唐先生以為這樣的解決違反了思想的存在，他說：「此思想之存在，若遇以非理性、以反

[註20] 參閱何秀煌：《記號學導論》（臺北：水牛出版社，民國77年），頁22。

理性之存在，則此思想之存在即必求加以理性化而思想之。」（《心靈》上，頁 293），換言之，就本節的目的言，即這種似非理性的因果關係是否可理性化？

　　唐先生延續上文之目的手段事轉而從哲學史上各家討論起。他認爲人以其目的爲因，以其行事爲手段爲果，可稱之爲「主觀上的內觀因果」（《心靈》上，頁 420），因爲這些手段接爲一結果的實現，此結果即在人之內的主觀目的，故稱爲主觀的內觀因果。不過人可將此主觀上的目的手段關係客觀化，即視目的爲他人之目的，而其種種手段乃成就其目的，而非我之主觀目的，由此而發展出客觀的因果理論。

　　由目的手段關係客觀化而發展出客觀世界的因果理論，首先是亞里士多德的外觀因果，即其「四因說」，這一因果理論認爲世界一切事情的變化，皆有一目的因，「即在其變化之嚮往於一性相或形式之實現」（《心靈》上，頁 239）即此目的爲的是實現某性相或形式，此性相形式就是形式因，而形式的實現須利用已存在的事物爲材料，此即質料因，而質料本身不會自動實現目的，故又有一改變存在質料的動力，即動力因或能力因，唐先生以爲「此四因之說，固由人之直接客觀化其目的手段之觀念意識而成立者也。」〔註21〕

　　就目的因爲一形式的達成後的客觀事物言，此事物即可爲唯一的客觀存在者，於此客觀事物，即只見「形式之加於此質料」（《心靈》上，頁 240），故亞氏又約四因以至二因之說，即客觀事物皆可分爲形式與質料二者來看，這裡亞氏乃設定有純粹形式與純粹質料的相對，而以此二者的結合來說明客觀萬物。純粹物質，自其本身無任何型式的成分來說，是體現形式的純粹潛能，他可以體現任何形式，所以實際上規定其應體現何種形式以爲現實之物的現實原則，就只能在此形式自身先已成爲一現實的形式之存在，由此亞氏乃有其上帝的說法，來滿足這點要求，即一切物的形式，一定要先在上帝的思想中是一已現實的形式，換言之，世界上的存在物是由上帝思想中已現實的形式與物質潛能的結合，亦即存在物的存在成立於上帝有將其思想中的形式賦予質料之能力，如此便轉而有一問題，即何不說原始物質本來沒有，而所有存在物皆爲上帝之能力所創造呢？如此我們便不須說上帝將其形式賦予上帝之外的物質材料而成現實的存在物，這樣便由亞氏之說轉進到西方中古思想，以上帝的全能爲因，而生一切存在物爲其果的說法。唐先生把這種以

〔註21〕此段論述與引文參見《心靈》上，頁 239～240。

上帝爲因，世界爲果的因果觀念叫「客觀的上觀因果」，因爲這裡的因果觀念並非關於一般與人心相對的客觀世界中的事物的因果觀念，而是超越於客觀事物與人心之上的客觀超越的上帝與世界的因果關係，在上的上帝是因，在下的世界是果。〔註22〕

在世界爲上帝功能的表現之上觀因果下，則世界便是一上帝之功能序運境，即使存在物有其功能亦是向上帝假借而來，一切功能皆當歸於上帝，「於是一切存在物之自身所有之功能，皆爲可有可無，其存在亦爲可存在可不存在」（《心靈》上，頁 246），上帝便是能使任一物存在而有其功能，亦可隨時使此物不存在，而失其功能，上帝和萬物的因果關係便是偶然關係，這就和我們一般以因果關係爲「一定之必然關係」（《心靈》上，頁 246）互相違反了。

爲了解決這個困難，多瑪斯提出了第一因與第二因的觀念。他認爲以上帝之能力爲因果創生任何物，是自任何物的第一因說，不過上帝創生物，除以其自身爲第一因外，又可以其他事物爲輔助的第二因，所以人由父母生，便是上帝以父母爲其輔助的第二因，而父母又是上帝所創造的，所以上帝利用第二因以生物實亦是上帝之全能的表現，如此既不妨礙上帝之全能，又符合世間事物之後果爲承前因而起之有一定而必然的關係，唐先生認爲這種看法「即一調和宗教中之上觀因果之說，與下觀世間之因果之說之始也。」（《心靈》上，頁 247）

不過此說亦有難題：既說上帝爲全能，何以又須輔助因？世間事物必賴其前事物爲因而有，則此上帝爲第一因又似多餘？所以西方中古之鄧士各塔便視之爲上帝之奧秘，而取消了這個問題。

至於近世則取消上帝爲因而認爲只要有在前之事物爲因，即足以有後繼者爲果。這種重世間事物之有前後相承關係，而以在前之事物爲因，後繼者爲果，爲其思想的一大方向。在這前後因果相承的看法中，又可分二種，一種是自現有事物爲果來說明其前之因，唐先生稱之爲「前觀因果」，一種是由現有事物爲因，來說其後之果，唐先生稱之爲「後觀因果」。後觀因果指謂的是休謨的說法，休謨首先批評「功能」、「能力」的觀念。他認爲因果都是不同的經驗，就這些經驗的相承而言，可爲人所可經驗並加以想像理解，但若說此前經驗之事物有生後經驗之事物的能力，則不可，因爲「能力」未嘗被

──────────

〔註22〕此段論述參閱《心靈》上，頁 242～244。

經驗，亦不能被經驗，而加以想像理解，換言之，因有生果之能力不能肯定，所以因果關係並無邏輯上的必然，另一方面，前後之經驗事物間，亦無事實上的必然關連，爲人所經驗，人所經驗的乃是不同的兩經驗，雖然其間有一所謂「經常伴連性」，但「經常伴連性仍是蓋然之辭，不即等於必然連結性」，〔註23〕人們乃因聯想習慣而將此二者聯想在一起而形成因果必然的感覺或印象。〔註24〕

　　休謨的後觀因果遭到康德的懷疑，唐先生云：「康德之疑於休謨之論，則要在兼由現有果之生，不能無其所承之前因，而前觀因果，所成之說。」(《心靈》上，頁251) 他以爲康德之認爲一物之生不能無前所承之因，乃依於一理性上理由，主要是因爲我們去觀看世界時，是依「時間格局之秩序」(《概論》上，頁484) 來理解，而時間格局之秩序是必然的前後之次序，如此經驗事物之次序生起乃有一定然不移之關係，而可爲吾人之統覺，所確定把握，換言之，因果乃成爲我們理解世界之一範疇。即經驗與經驗間是否有必然的因果，非吾人所能由經驗發現，但我們去認識世界，卻必然要求先後呈現的經驗相承而起，有一定然不移的關係。所以因果關係在康德只是「一經驗事物必有其一定之前者與一定之後繼之必然，而非由一經驗之前者如何，推斷其後繼之如何之必然。」(《心靈》上，頁252) 故康德的因果理論其實只是知識論上的因果關係，使吾人理性上求確定之因果知識在原則上成爲可能。依康德的理論，他亦如休謨，未能在經驗事實上的相承相繼予以理性的說明。〔註25〕

　　至此，唐先生以爲我們可以先撇開主觀經驗如何與形成知識的目的，因爲它們都未能將因果予以理性化，而只形上學地問：一事物之存在，是否其自身必然有因有果？如此便有黑格爾的形上因果理論來回答，這個理論說，一個現實存在之所以一定有因、有果，是因爲一現實事物的存在爲一事實，而事實的出現必有其出現的現實條件，所以在現實條件中包涵有一現實事物存在的可能，當其求實現此可能時，現實條件便發生變化，而使可能現實化，而有現實事物存在的事實。此現實條件，一般即叫因，但黑格爾不叫因，叫

〔註23〕　見傅偉勳：《西洋哲學史》(臺北：三民書局，民國77年)，頁363。
〔註24〕　此段論述參閱《心靈》上，頁249～250。
〔註25〕　此處論康德的因果理論參閱《概論》上，頁484～485；《心靈》上，頁251～254。此處的經驗和康德的經驗意義不同 (康德的經驗是經過範疇作用的現象，故依康德言，他必認爲可理性化)，在此的說明是本著唐先生所理解的康德而作的說明。本文對於諸家之說明皆依此立場。

現實條件，他的因指的是現實事物所依之形上實體，在形上實體為其因的意義中，即包涵有「表現為此現實事物之存在之果之義」（《心靈》上，頁257）。這理論有兩個優點，一是它由現實條件的改變而產生一事物合乎一般所說的客觀因果關係；一是現實條件中具有所謂果的事實出現的「可能」，而果出現時就是此可能的現實化，這可能的現實化自形上實體言，就是其形上因的實體之表現，是故此中之條件到果便可理性化地理解。但唐先生以為還是有問題，問題出在條件之因（此因即一般所謂的因）之包涵有此果的「可能」上，因為條件中若無果之意義，則如何能包涵此果之可能？此果之可能，又如何能包涵於一自身之涵義中無此果之意義的條件之因呢？換言之，此一因果理論不能完全理性化的理由，即是一般所謂一事物的條件之因和後繼的果內容非一，所以無論如何皆無法完全理性化。故柏拉得來及由此而認為因果關係乃屬現象界的現象，不能視之為實在，人若求以理性加以理解，必將其為充滿矛盾的詭論。而由此以降之西方哲人乃皆視因果關係為一事實現象，只有經驗之根據，而無理性上之根據。〔註26〕

從以上可知唐先生探討了西方哲學史上的因果理論，發現都無法解決因果理性化的問題，於是轉而向東方哲學探索，首先由印度思想著手，發現吠檀多哲學類似多瑪斯，三論宗的思路似柏拉得來，……等等亦皆無法解決問題，其中兼取邏輯觀點與經驗事實觀念的法相唯識宗的因果理論最為完美，它將一般所謂因分為親因與助緣，親因的種子即具現行之內容而能產生現行的功能，它所謂涵藏一切種子的賴耶識，即類似黑格爾的形上實體的因，助緣有增上緣、所緣緣、等無間緣，類黑格爾現實事物存在的種種條件，但此法相唯識宗亦未能深察此綜合並取邏輯的與事實的二觀點所導致的矛盾，一為從邏輯上看，種子既稱為現行之親因，且有生此現行的功能，則助緣似不必設立，二為從經驗事實看，種子待其他助緣，方能生起現行，助緣俱足，則必生現行，則人當說此助緣俱足，即可生起現行，不需更設有種子。是故唐先生以為一定還要有依理由來說明此二者何以分別來看，皆不足為現行生起之因之全，二者又何必須涵相待呢？〔註27〕

於是唐先生乃轉向中國之因果理論，他先從字原分析起，中國「言因皆指人之因承前此之事，以作其以後之事之義」（《心靈》上，頁268），例如孔

〔註26〕參見《心靈》上，頁256～261。
〔註27〕參見《心靈》上，頁264～267。

子說殷因於夏禮，周因於殷禮，孟子說爲山必因丘陵，以及一般人所言之因
勢利導……等，所以因字起初是以後事承前事而移用以指前事，而果當指後
事，如此則與西方印度之以經驗事實言因果者相同，即以前事爲因，後事爲
果。但果字在中國，指草木所生之果，果則可再長成草木，此長成之草木與
原先生此果之草木爲同類，長成之草木又可生果，故此中又有因果相涵自類
相生之義，由此因果自類相生的關係，則又是理性的邏輯的。換言之，中國
之因果關係乃兼具經驗事實與邏輯理性二義。〔註28〕

　　唐先生認爲中國傳統思想的因果關係，只是一「智慧的直覺」（《心靈》
上，頁 270），因此唐先生乃順此中國思想對因果問題的智慧直覺，依理性而
分析此兼邏輯意義與事實意義的因果理論，在何義上爲相待，亦相需而立，
以綜合成一完滿的因果理論。

　　唐先生以爲西洋與印度的因果理論之所以有矛盾的地方，就在於他們都
認爲因有積極生果之意義，因爲因果意義既非一，則要求因有積極生果，便
有種種問題，所以他認爲就因能生果言，此中有二點必須注意，一爲因有生
果之「功能」義不能廢，二爲對此功能義只能消極的理解，如此方能將因果
關係，視爲既有事實義與邏輯義。換言之，我們要先反駁休謨之無功能的看
法。唐先生以爲因能生果非從外觀世間因果而立，純從外觀世間之現象相繼，
當然見不到有「功能」，休謨就是個思路，要見此「功能」，必須內觀因果，
所謂內觀因果即如上文所言，以吾人欲達之目的爲因，生起手段行爲爲果之
因果關係。在這內觀因果（目的手段關係）中，一般人皆能自覺其有功能，
來生起某手段行爲以達一目的，雖然就目的和手段言，亦只是相繼的二事，
而不見有功能運行其間，但我們確能自覺，這主要就是因爲此能可從消極的
意義中去肯定。他說：

> 此消極的意義，初乃表現於其可不生起其他之身體行爲，或先阻其
> 他之身體行爲之處；亦可表現於以此行爲之已生起，阻止其他行爲
> 之生起，而見此已生起者有此阻止其他行爲生起之能之處；更可表
> 現於：此行爲已生起之後，自阻止此行爲之繼續進行之處。（《心靈》
> 上，頁 272）

換言之，我們可以從行爲手段有阻止其他行爲之生起，或以此行爲之生起來
阻止其他已生起的行爲等等來肯定行爲有其消極的作用，如此在因果理論

───────────────

〔註28〕參見《心靈》上，頁 269。

上，「吾人於因之所以爲因，先自其消極意義的能阻止排斥其他事物之功能作用上理解，則吾人於一般所謂前有之因，能生後來之果之積極意義的理解，即更可根本改變一途徑。」（《心靈》上，頁 276）即唐先生這個觀點與一般最大的不同便是在起點上，一般的因果理論是因果爲直接的關係，因包涵有果之義而直接積極生出果，但上文已明這樣的思路有一些困難，唐先生乃從因和果非直接的邏輯關係，乃是間接的邏輯關係著手，此中前有的因，之所以能生出後來的果是因爲前有的因有一消極的功能作用，來阻止或排斥妨礙此果出現的事件的產生，於是乃爲此果出現的「開導因」〔註29〕他認爲：

> 任何存在之事物，皆有排斥異類之存在，以求其自類之相續之種種
> 功能。……任何存在者之所以有此種種功能，亦以其存在原有其所
> 屬之類爲根據。（《心靈》上，頁 286）

亦即他從依類成化境談下來，在依類成化境，我們已確立個體在其類中乃依其類而求其類之存在以變化，在這求自類生存的要求下，而有排斥異類之功能產生，否則其亦不能成其自類。由任一物皆有排斥異類的存在言，便可說明前因爲開導因的意義。就前後事言，前事爲因，後事爲果，前事之因即爲開導因，何以故？因爲此前一現實存在有排斥其異類的作用，然而任一事物皆有排斥其他異類的功能，所以異類亦有排斥此現實存在之功能，便成爲一「互相排斥其存在之競爭局面」（《心靈》上，頁 288）在此互相競爭的狀態下，因必竭其自身的功能而化（否則後果便不可能產生），此「即開闢出後果出現之路道，而如導引出此後果之出現。」（《心靈》上，頁 307）是故唐先生乃稱之爲開導因。但前因竭其功能而化，後果又如何產生呢？唐先生於此乃將因分爲二種：即開導因與生起因，「於此，要說後果之生起因，即唯當自生起後果，而爲其形上因之功能處說。」（同上）這個形上功能的生起因，必和果具有同樣的意義內容，而由此功能的現實化，便積極的產生果之存在矣。如此唐先生從消極意義著手，以開導因和生起因巧妙結合了唯識宗與黑格爾的說法（種子和現實條件的否定生出現行），而避開了它們的難題，一是開導因不具有生果的可能，防止了黑格爾現實條件具有果的可能而產生的矛盾，一是開導因必須竭其功能而化，方有「生起因」生果，所以在經驗事實上不能說助緣俱足，即可生起現行，無待種子。

〔註29〕此處之開導因和唯識宗之開導因不同義，差別在一爲有直接生果之功能義，
　　　　參《心靈》上，頁 277。

　　不過我們仍須說明何以二者分別看來，皆不足爲現實事物出現之因之全，二者何以須相涵相待呢？由形上功能的生起因需要開導因的理由乃是現實存在皆有排斥異類的功能，所以就果來說，它需要有清除它出現之障礙者；二由經驗事物之次第生起，而觀其前後相承之關係，初步見有此所謂功能種子之生起因，來說明世間事物之存在的必要，而只說世間之物以其前物爲因，似已足夠，何需一形上之功能因呢？唐先生以爲此形上功能的生起因乃是人依邏輯理性所不能不立的，首先由世間事物看起，他說：

　　　　以此世間之物，從其前之物而生，而其前之物爲因者，並不能必然
　　　　生此後從之果，即見其不能足夠地成爲此後從之果之存在之理由與
　　　　原因。於是人即依理性之要求，而求其存在之形而上的原因與理由，
　　　　以通出此種子功能爲因之說。（《心靈》上，頁 293）

注意此段話中的「原因與理由」一句，表示唐先生處理因果關係，除了重經驗事實外，他又有理性的要求，即要求合理，而不止承認「僅是一事實」而已，他要求事實易有一合理性，這就是理性的本質，猶如一般我們問：爲何某事是如此呢？要的答案並不是「那是個事實」，而是「某事有何合理性」，就此而言，何以必立一形上的功能爲因的主要理由就是我們在萬物散殊境和依類成化境已確立的個體或類均須一歷程才能成就，以草木開花的事實爲例，並非一刹那完成，而是在一次第相續歷程中完成，在這歷程中，雖然每一瞬間皆有其某類的性相，但我們卻不能說此草木只能表現此某一瞬間之某類性相，而不能表現下一瞬間之某類性相，換言之，在未表現下瞬間之某類性相之前，已具有其功能，所以開花者，皆可說其乃依於有開花的形上功能。[註30] 如此唐先生便成就了他的因果理論，只是要注意的，唐先生的因果的因是包括一般所謂的原因和理由二者在內的。唐先生相信他已解決了因果關係的理性化問題，是故他的因果理論包含了一般之原因與結果、理由與結論（前提與結論），所以他說：「此中即有經驗的事實關係與邏輯理性關係之合一，而見此存在的事實同時爲依理性而有者，即存在者皆爲合理的，而合理者亦皆爲存在的。」（《心靈》上，頁 287）

　　就開導因爲排斥他類之功能與生起因爲一形上的功能言，因（包含開導

[註30] 參見《心靈》上，頁 291～295，閱讀此段時須小心，因爲唐先生的因有二
　　　　義：開導因與生起因，然而他在論述時，常未指明，必須依其上下文脈絡來
　　　　分辨。

因與生起因）生果，即皆是表現其功能之事，換言之，世界即是一功能序運境。

　　唐先生以爲由於世界可是一功能序運境，所以物理學中「力」的觀念方能成立，甚至由此因化果生的理論乃可使物理學中的一刹那速度（瞬間速度）、萬有引力定律何以是反平方關係、愛因斯坦的質能互換公式（原子質量所化出之能等於質量與光速平方的乘績）何以爲光速平方有「眞正成爲可理解」、「理性思想中之理解」（《心靈》上，頁 316）的可能。

　　在此，我們不進入唐先生曲折繳繞的說明中，雖然他認爲上段中「第二、三兩點，自以爲足使石破天驚，若無先我言之者，望後有大智，爲之論定」（同上），但筆者認爲在此將其所涵蘊之哲學與科學的關係說出來更重要，因爲這是唐先生不同於一般時賢之處，而一般人亦很難明瞭他的哲學爲何要去解釋質能互換何以是光速平方關係，是故底下我們將轉而陳述此處所蘊涵之特色。

　　唐先生年輕時，便思索哲學眞理與科學眞理之關係，〔註31〕他認爲科學家之造作理論，根本上是一「觀念上的探險」（《發展》，頁 98），都是「一步一步去求更普遍更概括的物理世界定律」（《發展》，頁 101～102）以解說目前我們經驗到的這個世界，換言之，科學的目的乃在歸納紛陳雜多的特殊事實於一單純的定律。而哲學如我們在第一章所說之求元序、大類、大全以解說宇宙人生即是將科學的目的實現到極致，所以科學之超越常識就如同哲學家要否定科學歷史之價值與其所得結論。」（《重建》，頁 569）如同一般人認爲世界爲無數萬物組成（萬物散殊境），但生物學家（或哲學家）卻可說不只如此，世界亦是無數種類之生物與無生物組成（依類成化境），但物理學家（或哲學家）卻又可說，不只如此，世界亦是一因果與作用及反作用力的世界（功能序運境），再上去，哲學家更可說世界是一感覺互攝境、觀照凌虛境……等等。對於常識不能解決的問題，便運用各種科學知識去解決，對於科學的限制，便運用各種哲學的方法去解決，層層向上伸進，所以常識或科學（幾何學）可以不過問空間到底爲何？可以不過問因果律到底眞假？哲學卻要去追問，所以唐先生說：「一般科學與哲學之不同，唯在哲學之直下向在足爲元

〔註31〕唐先生在二十歲左右曾寫信予熊十力先生問及哲學眞理與科學眞理的關係，參見熊著《十力語要》（臺北：明文書局，民國 78 年），頁 163～178，與《心靈》下，頁 171。

序、大類、大全之義理概念。哲學活動亦以向在此，為其第一序之事，而與求一般科學知識者，只就人現有之所知之義理概念，求其切近之較大類或較小類，或較屬于全、或較屬于分，較前一序、或較後一序之義理概念者，遂不同其學之類，而亦屬于一較高層位之學耳。」（《心靈》上，頁 28～29）換言之，唐先生發展出來的體系，不似一般哲學家將哲學真理與科學真理分成二截。〔註 32〕而把科學問題與形上學問題融合在一起，而對科學問題有所關照。

從以上，我們可以知道功能序運境是可以成立的，而這正是以下各種事物之所以可能的根據。唐先生說：「一切世間以事物之因果關係為中心，而不以種類為中心之自然科學、社會科學之知識，如物理學、生理學、純粹之社會科學之理論；與人之如何達其生存于自然社會之目的之應用科學之知，及人之備因致果、以手段達目的之行為，與功名事業心，皆根在此境。」（《心靈》上，頁 48）〔註 33〕

〔註 32〕如以科學研究現象界，哲學研究本體界，熊十力先生即如此回答唐先生，參
　　　　註三一所引書。也許熊先生可說：本體即現象，那有二截？我這裡的二截指
　　　　哲學不必回來照顧科學所得之結論。一般分本體、現象，現象為本體所支撐，
　　　　科學研究現象（真諦和俗諦的俗諦，俗諦是施設假說的），哲學不必照顧科學
　　　　所得之結論（因為是施設假說的），但唐先生的哲學卻不如此，以瞬時速度和
　　　　幾何上的點、線為例，一般哲學不必說明人何以有瞬間或點、線的觀念，唐
　　　　先生卻要以他的「心靈」理論來解說人如何有瞬間、點、線觀念甚至質能互
　　　　換何以平方關係（參功能序運境第十二小節）。即形上學兼科學哲學。
〔註 33〕客觀境界至功能序運境便不再發展了，因人在此若問功能與功能之間的關係
　　　　為何？則其間之關係即為互相作用而變化的關係，而這關係可為功能序運境
　　　　本身來解釋，即可自我解釋，故在客觀境界「中」將不再發展，而必須超越
　　　　客觀境界以至主觀境界。

第四章　作爲「主觀境界」的心靈境界

第一節　世界爲萬物互相感覺而相攝、相互呈現
——感覺互攝境

　　在客觀境界中，我們論述了萬物散殊境、依類成化境、功能序運境，並且肯定了個體、種類、功能的存在，但若我們問道：「這些做爲對象的客觀性是依何而立的？」便發現到它們乃依人之主觀心靈而立的，例如在萬物散殊境中我們說個體的成立是有歷程的，個體是由心靈知之指向於性相之輪流更迭中而建立；同樣的在依類成化境中，確實肯定種類的存在亦是性相的重覆，而性相乃對人主觀之知而言的。換言之，客觀境界乃以主觀心靈爲基礎而發展的，如此，何以我們又稱其爲客觀境界呢？如在萬物散殊境中，已論及包含經驗我在內的萬物爲超越我心知之指向而建立，如此客觀境實又已包含且論及主觀之超越心靈，何以能稱爲客觀境界呢？唐先生曰：

> 在客觀境中，自有觀此客觀境之主觀之生命存在與心靈在。唯此生命存在與心靈，未能自覺其所觀，即在能觀之，故稱客觀境。在此客觀境中，以主觀之生命存在與心靈，雖存在而不自覺其存在，故只爲此客觀境之呈現與存在之一背景，此背景以不自覺，即如隱而不見，亦若不存在。唯於主觀境中，方自覺此客觀境在自覺中，亦自覺其感覺、觀照、道德實踐等心靈活動之存在。（《心靈》下，頁 259）

客觀境界一定有心靈的作用，否則唐先生亦不會稱之「心靈境界」。從這段話可以知道稱爲客觀境界的主要理由在於：作爲客觀境界存在背景的心靈乃「雖

存在而不自覺其存在」，正以其存在，所以我們在證成個體、種類、功能時，牽涉心靈，並由其不能爲主觀心靈所任意捏造而說其爲客觀存在，而正以此時人不自覺其心靈的存在，「未能自覺其所觀，即在能觀之中」，所以我們乃稱其爲客觀境界。換言之，主要的關鍵在於自覺與否，〔註1〕在客觀境界中，人未能自覺其所覺乃依於其能覺，我們便走入了主觀境界，心靈此時在表面看來爲客觀現實的所覺事物背後發現了它自己，一個更穩固的基礎。也就是說萬物的性相都是由我的感覺成立的，白的、軟的、方的……不是都依我的感覺而成立的嗎？所以此時的萬物乃「屬此能自覺的心靈之主體」（《心靈》上，頁 346），這就是主觀境界出現的理由。

換言之，主觀境界即「此生命存在心靈，自覺其所對之客觀萬物之世界，屬於其自身，而內在於其自身，以爲其境」（《心靈》下，頁 261），就這主觀境界的開始而言，乃是人的感覺，因爲人乃由感覺而知萬物之性相的，由感覺其性相，而後才有觀照其性相之觀照凌虛境……，唐先生曰：

> 初乃自覺此客觀世界，乃其心靈感覺之所對。……然此諸相，皆內在於能感覺之心靈中，而以此心靈爲此諸相之統。……於是此心靈即首自見其爲在感覺世界中，能統其所感與萬物之一心靈主體，而見一切其所感覺而有生命存在之物之自身，亦爲一能感覺之心靈主體。此即成一感覺主體之互攝境。（同上）

在這段話中，說明了對於外界萬物之察覺，乃始於感覺，即剛開始時，我們是以心靈的感覺活動來感覺此客觀世界萬物之諸性相的存在，就此而言，萬物性相之存在，皆內在而屬於此能感覺的心靈中，世界「乃爲此能自覺其感覺之心之所統攝」（《心靈》上，頁 346），此時世界乃是我的感覺，由此而「更視一切客觀的萬物，亦各爲一感覺主體，能互相感覺以相攝」（同上）如此世界便爲萬物各以其感覺以互相統攝的「感覺互攝境」了，這就是主觀境界中首先產生感覺互攝境的理由。

現在，我們可以正式進入感覺互攝境如何成立的問題了。既然說是感覺互攝境，那麼當然是我以感覺來攝萬物，而萬物亦以感覺來攝我（甚至萬物間亦互攝），如果我們同時肯定了這二句話，那麼世界便爲一感覺互攝境。底下先說明我以感覺來統攝萬物的意義。就我以感覺來統攝萬物言，亦即萬物在我的感覺之內不相分離，唐先生說：

〔註 1〕 「自覺」在唐先生的哲學中，佔有重要的地位，參結論。

> 所謂感覺互攝境，初即指吾人以視聽嗅味觸諸感覺之機能，攝受通
> 常所謂物之色、聲、香、味、觸，而知其性質形相等所成之境。……
> 此非必謂外物除此性質形相等，無其自體，……而是就人於外物所
> 感覺之性相，皆在此人對其感覺之自覺之內，而其外之尚未感覺者，
> 皆在其所可能感覺範圍之內；人即可視此一切外物，皆屬於此能攝
> 之境。(《心靈》上，頁 346)

由上文知，這時我們已經是在主觀境界中，已經自覺到自己，換言之，這時
的感覺也已經是被人意識到了，正因為如此，所以我們才可說諸外物的性質
性相是在我們自覺的感覺內，但這並非說外物除其性相外，無其自體，誠如
在萬物散殊境中，我們亦可建立萬物之「體」性，只是這時的問法是知識論
的問法，即要問：「你怎麼知道外物的存在？」就人而言，當回答說：我依我
的感覺而知道，是故外物當在我的感覺之統攝下，這時如果說有我還沒感覺
到的外物存在時，也一定要說，它一定是在我所可能感覺的範圍之內，否則
又如何可說其存在呢？就此而言，我們可說我以感覺來攝萬物。

　　但我以感覺來攝萬物是否會淪為唯我主義？因為既然外物皆為我的感覺
所統攝，皆屬於我的感覺，則此「心靈中之一切山河大地與人物，皆不外現
於此心靈之前之無數印象觀念」(《心靈》上，頁 356)，換言之，只有我之心
靈存在，無他人他物之存在，唐先生以為雖然說所感覺在我之能感覺之內，
但我們仍不能推論出唯我主義，因為：

> 吾人亦無理由以謂在吾之能感覺之能之外，別無其他人物之能感覺
> 之能。以凡此其他人物之能感覺之能，皆初非我之所感覺故。我之
> 能感覺，非我所感覺；其他人物之能感覺之能，亦非我所感覺；則
> 由我之所感覺，不能出於我之能感覺之能之外，不能推出：其他人
> 物之能之感覺之能，不在我之能感覺之能之外。(《心靈》上，頁 354)

亦即假設有他人之能感覺，但他這能感覺之「能」表現出來時，便成為一現
象或性相，是故我並不能感到對方亦是主體；另一方面，我之能感覺(感覺
機能)，並非我的所感覺(感覺對象)，如我看到一張紙，「看」顯然不能是我
的感覺對象，因此如果其他人有「看」亦非能成為我之所感覺，所以唐先生
說我們沒有理由說在我之能感覺之外，沒有其他人物之能感覺，但我們沒有
理由說沒有其他人物之能感覺，是否便能說有其他能感覺之存在呢？唐先生
以為雖然其他人物之能感覺不能憑我的所感覺而建立，「卻可本於吾人之自覺

其所感於其他人物之種種活動之表現，與吾人之自覺的理性的思想，合加以建立」（《心靈》上，頁 354），亦即我們之所以能夠由他人之活動的表現與理性的思想建立起其他人物亦是一能感覺的基本理由是「吾人之能感覺，原爲一活動行爲」（《心靈》上，頁 354～355），而正當我們在有感覺活動時，同時也有一身體的活動，這身體的活動並不需要我們親眼看到，因爲我們可直接感受到，「此可直接由吾人之身體之感官活動時，有一運動感或行動感而知」（《心靈》上，頁 357），例如我們張開眼睛看東西，並不需要看到自己的眼睛，便可感有眼睛的活動，如果這時有他人來觀察我的感官之活動狀態，便可得一系列的印象觀念，例如生理學家在我張開眼看物可測得我眼皮之有否運動或腦中有一系列之變化（如腦波的震盪），在此唐先生以爲我看到東西與我張眼的運動感與生理學家所觀得我腦中的系列變化狀況三者有相應而變化的關係，「此三者，有則俱有，無則俱無」（《心靈》上，頁 358），這個相應關係，可以由生理學家和我的報告來證明，現在，如果有一人張眼看東西，我們亦測得其三者亦有相應關係，則因我已肯定我是一能感覺者，故依理性，我亦當判斷此人亦是一能感覺者，因而我們可以肯定其他人物亦是一能感覺者。

除了上述循「理性而類推」以肯定他人亦是一能感覺者外，唐先生亦舉了日常生活中，一肯定他人爲能感覺之方法，即「一種沿直感而起之超自覺或不自覺之直接的類推」（《心靈》上，頁 360），舉例言之，如我們摸到一熱的東西，手馬上伸回來，今有他人摸到熱的東西，也跟我同有馬上把手伸回來之狀況，如此我們便可直感地類推其爲一能感覺者。〔註2〕所以我們乃可以否定唯我主義。

以上之循「理性之類推」以肯定他人亦是一能感覺時，我們說在有感覺活動時，同時也會有一身體的感官的運動，例如以鼻聞氣味，以眼看東西，這樣說來，似乎感官便是能感覺者，但唐先生在此區分說這二者是不同的，「實則能感覺者，只是能感覺之感覺心……吾之感官，亦唯是吾與他人之感覺心之所感覺，而不能說是一能感覺的心。」（《心靈》上，頁 361～362）換言之，感官即「感覺器官」，能感覺者卻是「感覺的心」，例如一人手去碰觸牆壁而

〔註 2〕 唐先生在此的論證方式採生理學或是不自覺的直感方式，實稍嫌曲折古怪，但與其說證明方式曲折古怪，不如說它是受限於感覺互攝境本身的規範，因爲在此我們的心靈還在感覺階段，因此證明的方式也只能在感覺的基礎上來證明。關於他人心靈的存在，他人亦是主體的論證，在道德實踐境有更進一步的證明。

有粗糙之感覺，就手而言即是感官，就粗糙感而言，即是能感覺的心之所感，手的運動就是感官的活動，觸覺的作用卻是感覺活動，之所以要區分二者的理由，主要便是如果「感官即能感覺的心，則吾人見他人之感官時，即見他人之能感覺之心，亦當見他人之能感的心所感覺之世界」（《心靈》上，頁362）換言之，如果感官就是能感覺，則我們只要觀察他人的手，便可知道他人有粗糙感，而這是不成立的，是故感官活動並非就是感覺活動，如此，則「何以能感覺之心，又必與感官之活動俱起，方能有所感覺？此即哲學中之心身關係之一老問題。」（同上）

不過對此感覺活動何以會與感官活動俱起之心身問題，對我們已不是問題，因為我們在功能序運境中已確定因果關係可理性地理解，則此心身關係亦然。在功能序運境中，我們說異類的因果關係，皆是　因化而果生之關係，此果自有一功能為其生起之親因（即形上功能的生起因），只是有阻礙其生起者存在，它才還沒有產生，所以此時仍須有一般所謂的因（即開導因）來除去障礙，而開導因本身亦與障礙一同化掉，如此乃有果之生出。是故心身關係即可理解，能感覺的心之所以和感官器官活動相俱，正是此感官活動有去除感覺活動產生的障礙，而後此感覺得依其功能而自生，這正是心身的關係。〔註3〕

在另一方面，就一般我們所感覺的對象言，它們乃具有形狀、大小、位置……等性質，以此我們可以來分辨不同的個體，唐先生云：

> 要之，吾人只須方向之有同異之別，地位之有並在或互斥之別，與廣延量之有大小之別，即是說明一切所見之不同物體之所以不同之故，而將一切不同物體，由其在何空間方向，居何空間地位，以與其他之物體並在互斥，有何廣延之大小，以一一分別加以規定而無邊。」（《心靈》上，頁377）

換言之，即就物體之不同言，我們可以從物體之廣延、地位、方向來加以區別，亦即我們可以從空間的關係來加以規定，但在第三章第一節我們已說明絕對空間為不可能，也已說明唐先生的空間觀念乃從心靈活動的方向來建立，現在在感覺互攝境我們已自覺到心靈的感覺作用，唐先生認為此時我們便可進一步說明時空觀念是如何由心靈之感覺作用產生的。

沒有絕對的空間，那麼空間中的物體之廣延、地位、方向等空間概念又

〔註3〕參閱《心靈》上，頁366～367。

是如何來的呢？唐先生說：

> 唯由於吾人之感覺活動原能如是伸展，如是有所著，如是曲折轉變
> 其方向，更有所著，更有其伸展……如此次第進行；然後吾人有此
> 諸物體之廣延地位方向之觀念；更伸展於此物體之外，以感有一空
> 間，或假想此物體之不存於其處之時，其處仍有一空間；然後謂此
> 空間中亦有此方向地位廣延等，如遍滿於此空間之任何處。（《心靈》
> 上，頁 378）

在此我們要把握心靈感通的歷程性，即它本身為一不斷向前伸展的歷程，而
「人之心靈活動之感通於物，初為感覺經驗」（《心靈》上，頁 185）換言之，
感覺活動亦是不斷向前伸展的歷程。感覺活動之不斷感攝物體的性相而伸展
之，乃有對物體的廣延性質；而由感覺活動攝入物體之著於其上，乃有物體
之地位一性質；又由於心靈活動本身即有其方向（心靈活動之三向），故感覺
活動能向各方向，伸展其感覺之能，乃有物體之方向觀念。換言之，我們因
為有心靈的感覺活動乃產生空間觀念，所以在我們面前即使沒有物體，我們
也可以本身之能感覺之不斷感通性質，而想像這無物體處是空間，而此空間
亦仍具有廣延、方向、地位等性質。

是故空間觀念乃是心靈活動的本性所產生的觀念，唐先生把它稱做「此
感覺之能中，所自具之空間性」（《心靈》上，頁 379），而能感覺的空間性之
由來，是能感覺中有一「虛位」有「一虛一空」（《心靈》上，頁 378），為何
說能感覺中有一「虛」一「空」呢？主要是當我們的能感覺攝入一感覺的對
象時，此時其本身需有其虛位，方能容其所感，但心靈容其所感後，可馬上
超越之，故又虛之，這就是第二章第二節所說的心之虛靈（心靈無所不超越，
無所不貫通），亦是空間觀念建立之理由。〔註 4〕而由此心靈之虛靈亦可建立
時間觀念，唐先生云：

> 唯由此能感中，有此一虛一空，更可容所感以實之，然後有次序之
> 所感，居此虛此空，而有次序感覺之在時間中之生起。故此虛此空，
> 即為時空之共同之根原所在之一虛一空。（《心靈》上，頁 378～379）

亦即心靈之不斷伸展的歷程乃造成人有時間的觀念。

但以上唐先生之是說是否意涵所感覺無空間性，空間性純由人之能感覺

〔註 4〕唐先生這心虛才能攝物可說是中國自莊子荀子以來的傳統認識論。參見唐著
《論集》，頁 214。

所賦予，只具主觀性呢？唐先生以爲不然。因爲在上文我們已肯定有他人爲能感覺者，就此而言，他人感覺活動所涵之空間與吾人感覺活動所涵之空間便「互相外在，亦互爲客觀」（《心靈》上，頁 382）所以在我們見到他人的感官活動時，便應同時知道有此我主觀以外的客觀空間（雖然這種客觀是相互主觀上所造成的客觀）不過，這裡的空間皆是依於感覺而有的，故此所謂客觀空間意謂我並不能任意擺佈他人的感覺所成之空間，是故此客觀空間並非是一絕對獨立的外在空間。但除人之外是否其他存在物亦有感覺呢？唐先生云：

> 若取感覺之廣義，則凡存在之物，有所感受，而有所反應之處，皆見有一感覺，則凡生物以至無生物，其受他物刺激，而有所感受，更有所反應之處，皆可說有此廣義之感覺。此人外之他物之所感受感覺者如何，吾人可不知，然其與他物相接觸後之反應，則吾人所可知。吾人由其有接觸反應，即可言其有感受，而有感覺。（《心靈》上，頁 385）

心境之感通而成之感覺關係是境呈其作用，心主動感攝而亦有所感受境之作用而起的，〔註5〕所以就廣義之感覺，唐先生乃將之定義爲「有所感受而有所反應」，由此就吾人皆知任何存在物受刺激，皆有所反應而言，任一存在物便皆具感覺，故亦含有空間，所以唐先生曰：「空間性爲一切存在之物所同具」（《心靈》上，頁 384）不過，物雖有廣義的感覺，但與人的感覺並不全同，其中有等級與自覺與否的分別。〔註6〕

就存在物皆有感覺言，則我亦爲萬物所攝入其感覺中，如此綜合以上，我們便可成立一感覺互攝境，唐先生云：「故論人心之能感覺……亦須視人以外之生物無生物，無不能有某一義之感覺，亦皆有此一義之感覺心，方爲至極。蓋必如此，而後可言宇宙中之一切存在之物，皆以其感覺直接間接相互攝入，以成一無窮的交相反映之感覺互攝境也。」（《心靈》上，頁 393）亦即由我攝物、物攝我、甚至萬物互攝，我們便可肯定感覺互攝境的成立了。

由於感覺互攝境的存在，以下這些事物乃有其眞實性而能夠成立：「一切人緣其主觀感覺而有之記憶、想像之所知，經驗的心理學中對心身關係之知

〔註5〕參閱第二章第一節。
〔註6〕人與物之感覺層級與關於時空問題，如空間何以三度？時間與空間有何關連？……等，由於和本節主題之成立無關連，故省略不論，可參閱《心靈》上，頁 102～106、388～412。

識，人對時空之秩序關係之一般知識，及人對其個體與所屬類之外之純感性的興趣慾望，與其身體動作之由相互感攝，自然互相模仿認同，以成社會風氣之事。」(《心靈》上，頁49)

第二節　世界爲純相、純意義爲我所觀照
──觀照凌虛境

　　上節我們說世界是能感覺的主體所合成，各能感覺者以其感覺攝入其他事物的性相，而其本身亦表現一性相，爲其他感覺主體所攝入，在其不斷以「能感覺」攝入「所感覺」時，乃有時空意識的產生。在此，若由能感覺者來看感覺的產生，則有二方面作用，「此感覺即一方可說爲自動的感覺，一方亦可說爲被動的感受」(《心靈》下，頁261～262)即就能感覺者本身的能力言，乃是自動去感覺對象的性相，就所感覺者表現其性相爲能感覺者所接受言，則能感覺者又可說有被動的感受，故攝入的意義即含主動感覺與被動感受。在另一方面，我們現在已到了主觀境界，已自覺到自己，已覺察到自己是個主體了，就主體言，則必是獨立自主的，而今感覺的活動有其被動一面，故心靈主體必求超越，以求自己之獨立，所以唐先生說：「此心靈之求更自見爲一獨立之主體，即必求超出此被動的感受之事。」(《心靈》下，頁262)心靈如何超越此感覺呢？心靈用「觀照」來達成這個目的，如此我們便到達了觀照凌虛境了。

　　心靈是如何觀照的呢？在感覺互攝鏡中，我們知道感覺所攝入的性相，乃是外在物體之功能之表現，由我之感覺心靈感攝而得，故此性相外乃附於外在之個體(以表現此性相)，內乃依於我有此感覺作用(才能感知此性相)。觀照的作用就是使此性相脫離內外之所依屬，而成一「純相」、「純意義」。唐先生說：

>　　首再將所感覺之物之性相，一方如推之而出於其主觀感覺之外，與其感覺心靈，游離脫開，一方如提之而上，自其所附屬之客觀實體，游離脫開，而更自生起其心靈，與此性相之位平齊，再與之行成一距離，而就其如何如何，或如是如是之純相而觀之。(《心靈》上，頁446)

亦即由觀照，第一、我們可以將所感覺到的性相自其附屬的個體而游離出來，

而視爲「只有相」，即所謂純相、純意義，這種作用之所以可能，唐先生以爲在於我們對感覺所得之相，可以用我們其他的心靈活動，如回憶、想像等加以呈現，例如我們可以回憶昨天看到的玫瑰花之性相意義，而將其性相再呈現於吾人之記憶中，由此可知，我們的心靈作用可以將所感覺到的性相意義，自其所附屬之物體「游離脫開」；第二、我們可以將性相意義自我們之感覺心靈游離脫開，而超越此感覺活動，而由吾人心靈之「直觀的理解」（《心靈》上，頁 447），而知此純相意義呈現於吾人觀照心靈之前。亦即，心靈的觀照純相即心靈直觀的理解純相意義，此事之所以可能在於我們的感覺、回憶、想像等心靈的活動，都可分別地呈現同一相，而見此相不黏附隸屬於上述之心靈活動，「而超於此種種主觀心理活動，以凌虛而呈現於一超出過現未之時間之分別之純粹的直觀之中。」（同上），例如，我們感覺到紅日與藍天，由此中我們便可直觀地理解到紅與藍之純相意義之存在與其異同，不過由於此紅藍，並不附屬實物，不指涉實物，以形成對實物的判斷，故並非類概念，而只是純相、純意義。故這觀照一純相（如紅）至另一純相（如藍）並个似感覺互攝境之相繼不斷地感攝性相之呈現，而是在感覺回憶想像之上浮現一直觀，而見所見之相之互相關連也。〔註7〕

　　是故所謂觀照凌虛境之意義，即心靈觀照或直觀純相、純意義，而見此純相、純意義外不附於物，內不屬於感覺之心靈，凌虛於直觀中所成的一心靈境界。在此也許我們會懷疑純相或純意義是否可說依於觀照之心靈而不可說爲凌虛呢？觀上所引文，可知即使我們說其有所依，此純相意義亦與所依者之間有一距離，有一「遙相距之虛的距離以其浮現於此虛中」（《心靈》上，頁 450），但何謂「距離」、「虛的距離」呢？所謂距離就是「精神的空間」，即觀照之心靈和其所對之境（純相所成之境）有一精神空間，能夠自覺的「求此心靈自覺之不黏附隸屬於境」，例如人在觀照凌虛鏡中觀照數以成立數學，能同時自覺心靈只是觀數者，而不似萬物散殊境中，只察覺萬物個體的存在，而未自覺其背後的心靈，或感覺互攝境之心境相攝而相內在。〔註8〕

　　不過，觀照凌虛境，雖是凌虛，並不表示它沒有基礎，因爲它既然由感

〔註 7〕以上疏解引文之意見可參《心靈》上，頁 446～447。

〔註 8〕唐先生在觀照凌虛境中並未解釋「距離」爲何義，此處引二九章之精神的空間來解釋距離，應是合法的，它的線索是「心靈……以與此所觀境間，時時有一距離以形成一精神的空間」（《心靈》下，頁 307）這段話。精神空間之意義可參《心靈》下，頁 303～307。

覺互攝境超升而來，必然亦含攝了前四境的眞實部分，故唐先生認爲此境乃
在前四境之一般世俗生活之境界與後四境之超世俗生活之境界的中間境，唐
先生曰：

> 此所謂觀照凌虛境——觀意義界……乃一承前之一般世俗生活之
> 境，而啓後之超世俗生活之境界之中間境，而可上可下者，亦人之
> 純粹知識學術文化生活所主要寄託之境。（《心靈》上，頁441）

這裡所謂的純粹知識乃指不必應用於判斷實際事物，但又可依之以成判斷實
物之知識者，它和由感覺互攝境發展出來的「一般自然社會之知識」（《心靈》
上，頁 446）乃不同者，在第四境由感覺性相而將性相意義附屬於外在之物
體，亦即其性相意義乃針對一實際物體而有指謂意義，故人由其所成之自然
社會知識，亦將由實際事物所呈之性相來判斷其眞假，而此境所成之純粹知
識，不必有指謂，只要了解由實際事物性相而來之純相意義之同異或相蘊含
等關係，這關係不必有實然事物的存在，而仍可由直觀的理解而成爲可理解
的，故此純粹意義的知，「所謂眞，同於有所陳述而所陳述者爲可直觀的理解
者。此所謂假，同於只有文字之拼合，人不能緣文字以形成一直觀的理解
者。」（《心靈》上，頁 445）例如圓的方即不可理解而爲假，換言之，觀照凌
虛境只須合於邏輯理性，而感覺互攝境除合於邏輯理性外，更要合於知識理
性。〔註9〕兩者之不同，即在其有否指謂，所以我們亦可減除一般知識之指謂
意義，而化之爲純意義之知識，而由此純意義之知識來遍運於世間知識，攝
盡世間知識而對其爲眞，這也是由心靈觀照純相而有之邏輯、數學等對一切
世間知識爲眞的緣故。

所謂「一般世俗生活之境」即指前四境的現實生活，「超世俗生活之境界」
即指後四境之理想界生活，觀照凌虛境居於其中的主要目的即一方面由觀照
而得出理想之意義，以啓後之境界，另一方面亦可由四境之所得，而對現實
事物，有所「圈住」，唐先生說：

> 一切哲學中之知識論之反省，皆爲將此現實事物，加以圈住之事。
> 吾人之書之前四境中，多有知識論之反省，即皆是在圈住此外在之
> 現實事物之世界，於人之個體、類、因果、感覺、時空、自覺、反
> 觀之心中之理性之事，則其哲學思維至於超此世界之時，此世界中
> 現實事物，還將冒出，以擾亂超此世界之哲學思維之進行。（《心靈》

〔註 9〕知識理性與邏輯理性參見道德實踐境開頭的説明。

下，頁 488～489）

換言之，知識論在唐先生看來，不只是論知識的本性、知識的起源、眞理的判準……等等，〔註10〕它的主要目的是對現實事物加以圈住，所謂圈住現實事物的意思，即對一般人所謂的現象界能夠加以釐定與明其限制，俾使當我們在思考超此現實事物（即一般之現象界）的理想界時，能夠不受現實事物的干擾。由此唐先生乃反對存在主義之忽略此知識論的反省。就現實世界爲人所知所感覺之一已成的客觀世界言，經由前四境的探索，我們可以知道現實世界可以用個體、種類、因果、感覺、時空、自覺、反觀等來加以掌握圈住，而觀照凌虛境就在這樣的基礎上，觀照純相、純意義。

由上我們知道，觀照凌虛境乃是可以成立的，它乃是由觀照心靈之直觀的理解純相、純意義而成。由此唐先生乃認爲觀照語言文字符號等所示之純相、純意義的境界即成立文學與藝術；觀照數之純相、純意義之彼此關係，即成立數學；觀照形量之純相關係可成立幾何學；觀照命題形式之關係，乃有邏輯學；而以若干根本觀點來觀照宇宙人生中之一切事物之意義，便成立哲學；甚而以欣賞觀照人生便成觀照的人生態度。這些都是有其成立的根據。〔註11〕

第三節　世界爲人與我道德實踐的生活世界
──道德實踐境

在觀照凌虛鏡中，我們展示了心靈的觀照作用，由心靈的直觀的理解純相、純意義而成就一意義界。依此觀照凌虛境而爲文學、藝術、數學、幾何學、邏輯、哲學之所以可能奠下基礎。但這心靈直觀的理解純相、純意義所成的意義界，雖然虛托在感覺活動之上，此時人的感覺活動仍是一次序向前不斷伸展的歷程，仍可繼續感攝客觀之物所表現之種種性相，如此感覺所得之種種性相，便可和人心靈觀照所得之意義界相矛盾衝突，爲什麼呢？唐先生在此舉人有理想一事來證明。他說：

> 人之道德宗教之理想，其初亦只是一意義。此意義之轉爲理想，唯
> 在人不只以觀照心觀此意，而更緣所觀照得之意義，以求實現實踐

〔註10〕可參唐著《概論》上，論知識論部分。
〔註11〕參《心靈》上，頁 50。

之於生活行爲。此時人所平觀並照之意義，即轉爲一自上而下貫之
一積極的理想，是即此境之所以可通於後之一道德實踐境……。
（《心靈》上，頁 560）

換言之，理想起初也是人直觀的理解所得的意義，而這意義就在觀照凌虛境
言，乃是浮現於現實存在事物之上，當此意義性相與感覺所得之現實存在事
物之性相相衝突矛盾而爲人所覺時，此矛盾衝突乃與具有統一性之心靈相衝
突矛盾，心靈爲維持其自身的統一，乃有改變現實存在事物之性相，以使觀
照所得的理想意義落實下來，成一具體的理想，以消除矛盾衝突。在此「此
理想爲人所自覺，即爲一道德目的。……人之實現此合理性的理想目的之行
爲，即爲道德之實踐行爲。」（《心靈》上，頁 606）亦即心靈乃由觀照凌虛境
發展到道德實踐境了。〔註 12〕

　　是故，這衝突矛盾乃對一理想意義而言才成立，而這理想乃是合理性的，
若不合理性，則不足以叫理想，但這理性指的是道德理性，或說是實踐理性，
唐先生在此乃提出「具體的理性」（《心靈》上，頁 41）的觀念，所謂具體的
理性就是求一致性、一貫性（一致貫通），亦即不是任意而有矛盾衝突的性質，
在上段，我們之所以會發現理想意義與感覺事物的衝突矛盾，正是因爲我們
本身含藏有這理性存在的緣故。這具體的理性表現在生活中，有三方面：邏
輯理性、知識理性、實踐理性。〔註 13〕所謂邏輯理性指思想與言說中之理性，
即思想言說自身之一貫；所謂知識理性指思想內容與客觀事實之一致貫通；
所謂實踐理性指目的理想與其以情意行爲改變現實事物之一致，這其中包含
二義，一是「人之情意行爲，亦必求前後之一貫，然後合理」（《心靈》上，
頁 679），一是最終目的理想與現實事物之一致。由具體理性分化爲三抽象理
性的主要理由是心靈活動的三向，由心靈之前後向，言說思想次序相續之一
致，則有邏輯理性；由心靈之內外向，而知有客觀事實，求此內外之一致，
乃有知識理性；由心靈之上下向，求目的理想和現實事物之一致，則開出實

〔註 12〕關於其發展脈絡，要參考三處方可得之：《心靈》上，頁 560、606～607；《心
　　　靈》下，頁 262～263。

〔註 13〕關於具體的理性之說明在《心靈》一書中有三處，上冊頁 41、679～680、下
　　　冊頁 307～309，三處之說解稍有不同，前二者將具體理性之表現分化爲三抽
　　　象理性，即邏輯理性、知識理性、實踐理性；後者則多一道德實踐理性。但
　　　此中實踐理性與道德實踐理性皆是求目的與行爲及境物一致，只是一爲求自
　　　己目的之達成，一爲兼求他人目的之達成，而一己目的可兼攝他人目的之達成
　　　在內，故可用前者統攝後者。

踐理性。就道德實踐境言所著重的便是對現實事物考察其是否被我們的實踐理性或道德理性所認可，亦即道德心靈要判斷它應不應當存在。衝突矛盾的產生即現實事物不合乎道德理性，乃不應當存在。

如此，我們便可回叩第二章第五節所說的眞實存在意義，在該節，我們說必須合理才能眞實存在，此合理即針對道德心靈、道德理性而言，必須此道德心靈認可其爲應當存在，並自覺的求其存在，去除其不存在之可能，然後才可能眞實存在。

就一切生活境界（包含前五境）言，其中皆有道德實然之事，因爲「任何生活境界之自然的相續，皆必賴人之不自覺的肯定其相續，至少不謂其不當存在。」（《心靈》上，頁 607）即人之求一生活境界的相續時，必有一判斷，判斷其生活境界乃應當存在，故乃有求其相續的努力，此判斷其應不應當存在，即人之道德理性所行。那爲何此時才出現道德實踐境呢？理由在於自覺與否，即前五境之相續，依於人之「不自覺」地肯定其相續，而正因其不自覺，故未能同時察覺其生活中不合理、不德之成份，由這不合理的成份，故其生活境界不能眞實存在，而爲「可無之有」（《心靈》上，頁 611）而不能相續存在。就道德實踐境言，便是要將此「應當存在與否」提升至自覺的層次，而自覺地求一合理生活以達眞實存在。

是故眞實的道德生活是一雙管齊下的生活，即「一面自覺的求成就其道德生活，一面自覺去不德之雙管齊下之生活，即所謂一面遷善，一面改過之道德生活也。」（《心靈》上，頁 614）換言之，它一方面要自覺地考察是否有些理想未做到，而成就一合理的生活，一方面也要自覺地考察是否有不合理的生活，而去除此不合理。當人自覺到有一不合理的生活，與呈現此生活的場所所構成的世界，而自覺去除此不合理的世界的時候，則此道德心靈便必須與之「奮鬥」、「戰爭」。（《心靈》上，頁 616）

這裡有兩點必須說明，一是我們在第二章第一節已稍提及的「生命存在」乃人之「心靈境界」所成的世界觀念，由此唐先生乃發展出「生命世界」或「生活世界」理念；一爲奮鬥、戰爭的意義，及由其帶來的成敗後果。

「生命世界」（或「生活世界」）的觀念乃是世界不是一個純然客觀的死物，不是一個客觀實然的既成之事實世界，而是世界乃在生命之中，亦即世界對我們而言，乃是呈現我們生命的場所，所以科學家可以認爲世界是一科學世界，藝術家可以認爲世界是一藝術世界，而一般人則渾然不覺這世界是

個什麼世界，因爲他的生命乃渾然未自覺的。換言之，唐先生之哲學在此顯出中國哲學的特色，即存有論其實就是價值論，〔註14〕依人在價值實踐歷程中，所達到的生命或心靈，來說明世界的存有。而人的生命是由其主體、其心靈與環境感通的結果，所以世界的存有就是人的生命所達的心靈境界、世界就是心靈境界的呈現。故唐先生說：「此整個之世界，不外此生命存在與心靈之境界，……對何種生命存在與心靈，即有何種世界之眞實展現、……此中之生命存在心靈，與其所對之世界或境界，相應而俱生俱起，俱存俱在。」（《心靈》下，頁253～254）這也是唐先生何以要著手討論種種心靈境界之本身與其間的發展脈絡關係，以解除其間的矛盾之緣故。

是故，就道德生活而言，人之自覺其不合理的生活，而去除之以達一合理的生活，就是由一生活世界，到另一生活世界之歷程，或者說是由一心靈境界到另一心靈境界的過程。當人在這超越的過程的中，他的道德心靈便必須和原來的生活世界戰爭，戰爭的結果，道德心靈一時可能「一戰而大敗」（《心靈》上，頁616）而淪於原來之生活世界。就戰敗的心靈言，唐先生叫道德心靈之「隱退」，「然其隱退之後，仍可再出而再戰」（同上），爲何可再出而戰？因爲這時人所自覺的道德心靈雖隱退，卻仍繼續在判斷，而任一生活世界，若未爲此道德心靈所認可其應當存在，則心靈爲「回復其自身之統一」，〔註15〕必將再出而戰，故原來之生活世界並不能保證其必然存在，而含不穩定性。換言之，就一生活世界而言，一定要此道德心靈認可其應當存在，而自覺求其存在，使其不存在爲不當有，然後其存在乃爲必然之存在，而無不穩定性，而爲眞實之存在，但道德心靈何以一時會戰敗？或者說人何以一時不能遵循自己之良心的判斷所定下的法則而自作主宰呢？有二個原因，唐先生曰：

> 此不僅由於前文所說人之生活有一自然繼續其自身之存在之欲。此尚是人與其他動物或生物，以至無生物之求自維持其自身之存在狀態，尚無大不同者。此要在由於人之心靈之自我封閉限制於其原有之生活境界中後，更可造成一虛妄之幻影，使之自忘此境界之爲有限，而視若無限，自忘其自我之封閉限制，而誤以爲其原有之生活

〔註14〕參龔雕程：《文學與美學》（臺北：業強出版社，民國75年），第三章〈中國哲學之美〉。

〔註15〕心靈活動的統一見第二章，引文參《心靈》上，頁616。

境界，即可寄託其心靈之無限之故。(《心靈》上，頁 621)

換言之，良心一時戰敗的原因主要是原有之生活世界或生活境界有繼續存在之欲所造成的。原來的生活世界由「我」與境感通而成，這個「我」在萬物散殊境已說過有二義，即經驗我與超越我，就經驗我而言，乃是有限的，與一般個體一樣，就超越我而言，乃是無限的，即心靈。當道德心靈與它在戰鬥掙扎之時，第一、經驗我與一般動物或生物一樣，由其本能習慣乃有一繼續維持其自身存在之欲望，而耽溺於原有之生活境界，例如肉體欲求舒適懶散等，即一般所言之順著軀殼起念；第二、由超越我之無限性，而產生追求無限之「追求無線的誤置」，亦即此時誤將其有限的不合理的生活境界無限化，造成一虛妄之幻影，而更不自知其限制，例如人之好名、好色、好力、好權……等，乃皆在有限的名、利、色、權上追求無限而成之顚倒。〔註 16〕

　　造成道德心靈戰敗的原因我們已解決，有二，對於第一個原因，人們可以由良心之不斷表現其裁決的力量與其戰鬥；對於第二個原因，人可自覺的對境有相應地感通，而知有限之有限，「即任此無限之心靈之表現寄託于現實之有限，而又不使此無限者淪入有限，而使有限者皆還其爲有限，以相望而並存；復使無限者亦還其爲無限，以昭臨于有限之上」。(《續編》，頁 166)

　　但是由上有良知隱退的事實存在，唐先生以爲上述二個解決方法仍然不能必然有效，這時若要必然可超升至一生活世界，要先肯定該生活世界乃客觀實在，因爲它實在，所以我們肯定可以到達，唐先生乃提出人之肯定有客觀的實在世界與人格世界與之相俱而有其必然性。他說：

　　　此中人之自我奮鬥，若不與一客觀的實在世界與人格世界相俱則皆無必然之效。此則由於人之只欲由其自力以翻至另一生活境界，必先肯定此另一生活境界之實有。……特於人之實感覺一客觀實在世界之存在，與其中之事物之實有一力量，足以改變吾人原生活所在之境界，使吾人對其原生活之境界之執取，失其所依；然後人乃憑其想像理性所及之另一生活境界，更能求加以實現，以使其生活實擴大超升至另一境界。(《心靈》上，頁 627～628)

在前面，我們已說過，道德生活就是由一生活境界超升到另一生活境界，在以上的敘述中，我們的著眼點放在面對現存之不合理之生活境界而與之戰鬥

[註16] 參第二章第五節。又本段中，心境之感通之心本爲超越我，因無限之表現必然有限故，才說「我」與境之感通之「我」有二義。

的情境之說明，這當然不算錯，但不夠，唐先生以為除此之外，我們還要將眼光放在所欲超升到的生活境界上，而肯定其為客觀實在。肯定生活境界之實有的理由是「人欲由其自力以翻至另一生活境界」，因為人之欲由自力超升至另一心靈境界時，當肯定此一生活境界為實有，否則他如何由心靈的發展而到達彼境界，但要如何肯定？肯定此另一生活世界不能只靠想像與推理，因為就任一生活境界而言，皆可任人無限地騁其想像與推理能力於其中，而且用想像與推理來肯定另一生活世界，無異用我們主觀的想像與推理把一生活世界由不存在變成存在一般的荒謬，所以用想像或推理而知有另一生活境界，皆不能必然地戰勝原有不合理之生活。故唐先生在此將問題轉向到若有一客觀實在的生活世界，則我們必可實感覺到，而由實感覺到其真實，我們乃可超越原有之不合理。亦即現在我們的問題是若要肯定有一客觀的生活世界的話，就必須在知識論上預設有客觀的生活世界存在，而看其如何使吾人實感覺到，換言之，唐先生沒有論證客觀世界存在的問題，而是有如何讓客觀世界存在的事實呈現出來，這才是唐先生重視的問題。〔註17〕

底下，我們便要來看他如何讓客觀存在的世界之事實呈現出來，這個呈現是個曲成的過程，在這曲成中，唐先生首先由肯定他人的存在，來衝破唯我主義的樊籠，由這衝破解決了在感覺互攝鏡中以生理學的基礎加上理性類推證明他人亦是一能感覺的缺漏，而由他人亦是一無限的心靈主體的存在，轉而肯定了客觀實在的生活世界之存在。

人要如何察覺客觀實在世界的存在？這種確實感覺到客觀世界的存在，首先是一「直感」（《心靈》上，頁 628），但這直感不是由人對客觀事物的感覺所得之印象觀念而感覺到有一客觀物，因為由主觀的印象觀念而推證出一客觀世界的，上文已說不可行，這種直感另一客觀世界的存在，乃是我們可直感客觀世界有一力量，來消極的使在不合理生活中的我們，因用不合理的生活世界中的印象觀念做判斷，而判斷錯誤而感到失望、苦痛（第三章第一節已說明判斷的後面有一「望」如影隨形），唐先生說：

> 人既對其原來之生活境界有一執持，而對其中之印象觀念有一執
> 持，以有其「判斷」與「望」，而更感失望時；即必有對客觀之力與

〔註17〕就把事實呈現出來而言，它亦是一廣義的論證，但卻非狹義的知識論上的只限於認知的、概念的論證，這廣義的論證事實已包含了人的情感、意志、而不只是認知的。一般人之所以難以了解唐先生的哲學，正是因為他的哲學是呈現的哲學，詳見結論。

　　性相之存在之感，與其後之肯定判斷。(《心靈》上，頁629)

人就在這一失望苦痛中感到另一客觀生活境界的存在，爲什麼呢？因爲苦痛失望便是由該客觀實在的生活境界所造成的，它對於生活在不合理之生活狀態中的我們所做的判斷，有一「攔腰截斷」(同上)的作用，使我們感到失望苦痛，而肯定它的存在。而我們在上文又已說明生活世界(或生活境界)乃是由心靈與境感通而成，故若我們肯定客觀的生活世界，必然也要肯定我們的心靈也必然可到該生活世界，所以我們必可由原來之生活境界超拔而擴大超升至另一生活境界。由此唐先生乃肯定苦痛之所以必須存在的價值意義。唯有超升至該生活境界，人才能可解決此不安、痛苦。

　　人由苦痛而直感另一生活世界的實在，而超升至另一生活世界，不過，唐先生指出，這樣的直感雖然可以使人感到一生活世界之實在，但這是在人能正視此苦痛時，才有其必然性，此時若不能正視此失望、苦痛，則亦可安住於其原來之生活世界。他說：

　　　　此由人之能自覺而有種種心靈之活動，以逃避其所受之苦痛挫折，
　　　　如由幻想、回憶，或依理性以構造一思想中之境界，以逃避由感覺
　　　　所生之苦痛。(《心靈》上，頁630)

唐先生以爲人之受苦和其他存在之受苦不同，其他存在之受苦乃直接承擔環境所加之痛苦，而無所閃躲，但人不一樣，因爲人可以逃避痛苦，他可以用「幻想、回憶，或依理性以構造一思想中之境界」來躲閃，例如有一學生在教室中上課，但又不想上課，覺得很無聊、痛苦，又跑不掉，且不願意面對此痛苦以提升到一合理境界而問「爲何會無聊、痛苦？」予以解決，此時他便可用神遊太虛、白日夢、幻想等方式來逃避。所以由直感一苦痛以超升至另一生活境界亦無必然性。

　　爲什麼人可以逃避環境所加之苦痛？上段我們已說明這是因爲人有幻想、回憶等能力，可是這也需要另一方面的因素，即此時環境是固定的、有限的，正因爲環境是固定的、有限的，所以人才可以在這有限的環境中，騁其無限的心靈能力，所以才可將有限無限化，使心靈自限制封閉於其中。

　　換言之，人如果要從一生活世界超升，而不限於一有限的環境中，必須要有一無限的、主動的環境來使心靈知其限制，而使其超升至另一合理的生活世界。就作爲一無限的、主動的環境言，這就是「他人之心靈」。唐先生說：

　　　　此心靈即唯有直接遭遇另一同具此無限性之心靈，乃能得遇其眞正

之限制，而使其自己之心靈之擴大超升，成為真實可能。此另一無
限性之心靈，初即他人之心靈。此他人之心靈非我所能盡知，亦非
我所能用手段全加以控制者。於此，人即真感其自我之心靈之為非
我之心靈之限制，而人能面對此非我心靈，而接受其限制，而更求
以我之無限性的心靈，與人之具無限性的心靈相貫通，人即可得一
必然的超升擴大其心靈與生活境界之道路矣。(《心靈》上，頁 630)

心靈若耽於其原有之生活境界，則由其觀念印象所做的判斷錯誤，而感到失望
或苦痛，失望或苦痛便使人可感到有一客觀生活世界存在，而超升至該生活世
界，但人卻可將原有之有限之生活世界無限化，不感其中之有限，耽溺於其中
以逃避苦痛，故此時若要使其不能將有限之環境無限化，便是使他直接遭遇另
一同具無限的、主動的他人主體，而使他的無限心靈必然感到一真正的限制(即
此限制不能被他任意幻想所無限化)，感到一苦痛，以使其心靈能超升至另一生
活世界。換言之，我們必須先來處理「如何肯定他人心靈的存在？」這個問題。
但如果真有他人的存在，則他人必須首先在存有論上就是與我同在，否則用任
何的想像與認知上的推論，證明他人的存在皆如同上文所說的，用想像把他人
從不存在變成存在似的荒謬，所以在此唐先生的問題亦如同上文是：如何將他
人與我同在的事實呈現出來？他提出了「意志的苦難」這個經驗過程來呈現他
人與我共在的事實，並由此說明他人的客觀實在性。

　　他人是如何表現出他是一心靈主體而不被我們所任意擺佈的獨立性？
「人之知此非我之他人之我之心靈之為無限，乃在其發現他人有其獨立意志
非我之意志所能加以限制之時。」(《心靈》上，頁 631)換言之，人乃是經由
他人的獨立意志，不能為我所加以限制，來發現他人原是主體。當我們發現
他人有獨立意志，不被吾人所任意擺佈，不受我意志的限制(物即可受我意
志之限制)，而超越此限制時，他人乃是無限的(這時他人並非像上文所述之
有限的環境，可被吾人以幻想、回憶等方式，加以逃避躲閃，因為他是一主
體，他有主動地刺破我們的幻想、回憶、使我們不能逃避的作用)。當人發現
他人亦是一獨立意志的主體不受我之意志的限制時，「人初亦可有征服他人之
意志，使之屈服於我之意志之下之欲。是為人之權力欲。」(同上)，亦即由
於人本身也是個主體，就作為一獨立的主體言，人要衝破他人亦是一主體予
以我們的限制而爭為主體，〔註 18〕於是才有征服他人，使他人屈服於我的權

────────────────────

〔註 18〕「爭為主體」乃引沙特之語，見唐著〈存在主義與現代文化教育問題〉，收入

力欲，在這兩個主體互相征服的權力鬥爭中，「或勝或敗，而生之苦惱，可稱爲此意志之苦難」（同上），是故意志的苦難這整個過程即是他人是一主體的事實的呈現，就此而言，唐先生否定了唯我主義，肯定了他人心靈的存在。

不過，「意志之苦難」的經驗過程只是唐先生在呈現他人與我共在的事實的方法而已，並非就是人與他人共同存在的必然歸宿或終點，所以唐先生要否定沙特認爲衝突乃是他人與我關係的本質，因爲在人互爭爲主體而相互征服之上，〔註19〕人還可以有主體共存的交光互攝、「同情共感」。（同上）

「意志的苦難」說明他人是一定存在的，但這兩個主體意志互相鬥爭的結果，不是他人勝，便是我勝，他人勝，則作爲主體的我受限制，違反心靈之無限性；我勝亦是如此，永無寧日。因而人之意志可在這苦難下「受訓練」、「被馴化」、「放棄其權力欲」（同上），而發展到與他人之意志、情感、思想相感通的「同情共感」。換言之，經由意志的苦難，我們由原來之意志及生活境界中超拔出來了。唐先生曰：

> 日常生活中之人與人之同情共感而互助之事，雖極庸常，然此中之每一事，對己而言，皆足以開出一自己之生活境界之擴大超升之機；對人而言，皆足啓示一心靈的世界之存在，成就人之心靈的世界之實超升而擴大；對世界而言，則能使人肯定一眞實之客觀存在之世界。合此三者，則實見有一人與我之各爲一道德心靈主體、道德人格，而相涵攝所成之人格世界之存在。（《心靈》上，頁637）

這同情共感就是在我與他人兩個主體的思想、情感、意志之間的相感通。以我而言，既維持我本身的主體性，而又知有一獨立於我之外之主體，這非我的主體對我而言，就是我的限制，但我對此限制，非如上述以征服手段，乃以同情共感來超越此限制，以達到心靈超越擴大到另一生活境界（這時原來的生活世界對我而言，是另一種限制，不同於他人對我的限制）；對他人而言，已呈現一心靈世界的存在，而他亦可以此達成他生活世界的超升；對世界而言，由於這個世界有不能爲我這個主體任意擺佈，又有爲他人心靈所共知（否則就難以稱爲同情共感了），合此二義，故我們亦可肯定世界乃客觀實在。換言之，我們可以肯定我們必然可超升到一合理的世界，而也可以肯定有一客觀實在的由諸道德心靈、道德人格，相互交映涵攝之人格世界。就這樣，道

《中華》下册。

〔註19〕唐先生對沙特等存在主義的看法是「望道而未之見」，參註18所引文。

德實踐境成立了。〔註20〕

　　道德實踐境成立，「人之本道德的良心，所知之一般道德觀念，與本之而有之倫理，道德學知識，及人之道德行爲生活，道德人格之形成」（《心靈》上，頁50～51）乃有其根據、有其基礎。〔註21〕

　　現在已可確定道德實踐境的成立，底下我們要來說明一些附屬但必須論及的問題。

　　第一個問題是「人死，則道德人格、道德心靈仍在否？不然何以能說爲真實存在的判斷標準？」對於這個問題，唐先生以「死而未嘗不存」（《心靈》下，頁8）來解答。簡單地說，即死的只能是肉體，精神不死而仍存；經驗我會死，超越我則不死。但這解答是否爲一廂情願的信仰呢？或者說是毫無根據的說法呢？主要的困難在於你未死那麼你怎麼知道你死後精神仍存在呢？唐先生以爲雖然我們未死，但我們可以由精神已超越死來證明即使肉體死了，精神仍存在。這個關鍵在於人可「殺身成仁，捨身取義」（《心靈》上，頁660），這個事實所呈現的意義就在於人以肉體之死來實現他的道德理想，自願接受死亡，來成就他的道德人格。人在生時自願接受死亡，乃心靈之事，心靈能接受死亡，便是已「超越」死亡，已「包涵」死亡，故心靈乃在死亡之外，此時「無異死亡自身之死亡於此心靈之中」（《心靈》上，頁661），所以道德心靈是無所謂死的。死的只是肉體。人如果再問：既然存在，那麼存於何處？在〈死生之說與幽明之際〉一文中，唐先生稱乃是存於「超現實世界」或「幽」（《續編》，頁103）的世界，所謂「超現實」、「幽」即人不可見但仍存在之意。而因超現實，故亦不可用科學上的實驗或認知上的感官經驗來證明，而能由心靈本身之超越死亡而得證。不過，唐先生以爲，我們不能在知識論上證明，剋就我們作爲一他人心靈而言（在上文已肯定有他人心靈

────────────

〔註20〕用理論說出這種同情共感實太抽象。在日常生活中，我們也常可有思某些聖賢人物之精神意志，而同情他的心靈世界，而有一番奮發的經驗。而且這人物不一定要是活的，所謂「尚友古人」即是如此，如文天祥〈正氣歌〉舉先賢以同情即是一例。另一方面，同情共感既然也有他人之存在事實，何以唐先生不用此事實來呈現他人存在，而要用「意志的苦難」呢？他並沒有說明。可能是由意志的苦難來直感他人存在的事實較強烈。就「意志的苦難」作爲呈現他人存在的「方法」言，我們現在可說心靈的擴大超升，可以不經由上述的苦痛，而可由同情共感以達之。

〔註21〕本章目的是就道德實踐境的成立而言，至以道德實踐展開後的歷程，則是成工夫的事，故本文不論之（即缺工夫論）。

的存在），卻也可證明死亡的他人心靈在存有論上的存在，理由就在於我們有「對此種聖賢人格死亡之後所生之感動、崇拜、讚嘆之情，即皆直對此不可見於世間之心靈生命而發」（《心靈》上，頁 661）的事實。由這「感動、崇拜、讚嘆」我們可以證明他的心靈的存在，雖然他的肉體已死亡。是故道德心靈、道德人格乃不死的。

　　第二個問題是：一般人常問的：「為何我要有道德生活？」在此撇開人求真實無限存在的本性，只從道德生活本身入手。唐先生以為道德生活之「無外在目的」（《心靈》上，頁 664）來說明人必要有道德生活。所謂「無外在目的」即人之目的不可能在道德以外，何以故？因人若以為有在其外的目的，則必然是已判斷人懷此目的為應當，然而由上文已知道德生活的基礎即有一「應然意識」存在，故人判斷此目的為應當，即已是在道德生活之內又何以會問「為何要道德？」，唐先生認為這乃是「人之日常生活中原有種種自覺不自覺之其他生活目的」與對此目的而來之「有用與無用之分」（俱見《心靈》上，頁 667）的功利心。亦即人在日常生活中常有許多目的，而欲求此目的之達成，所以人在聽到有不同目的之生活時，便與之比較，並問此生活對其目的之達成「有沒有用」，換言之，這時他的問題乃是「道德生活對我目的的達成有沒有用？」而未自覺到當他欲求一目的之達成即已於一道德生活矣。

　　第三個問題是：何以合道德理性，即可真實存在？此問在第二章與本章前文已略有所答，本此再予申論。就合不合道德理性的事件而言，皆是存在的，但唯有合道德理性者方能真實存在。因為若不合乎道德理性之事件，則必與吾人之道德理性相衝突矛盾，而由上文我們已知心靈必求統一，而且我們又肯定必有一客觀之生活世界，使我們去除不合理以超升至該生活世界，故我們必去除此不合理事，所以不合乎道德理性，必不能長久存在，而不能為真實存在矣。在另一方面，合乎道德理性之事，則可真實存在，因為理性就是求一致貫通性，道德理性即是在生活行為求合乎人之應然意識，而這應然意識所判斷者，因其一致貫通性，故有「不可相矛盾，而前後相通貫，亦互相支持以存在」（《心靈》上，頁 671），換言之，心靈的活動本為歷程性，合乎道德理性者，即在歷程中，前後相一致貫通，互相支持，肯定此，必隨著亦肯定彼，肯定彼亦隨著肯定此，所以就在生命的相續中，有德之生命，乃有一「內在恆常性」（《心靈》上，頁 673），故合乎道德理性，即可真實存在。

　　第四個問題是在上文我們說明道德實踐之成立時，重點放在人必然要過道德生活，且必能超升至一合理的生活世界。現在我們重點放在另一端，即道德理想是否皆可實現？或說應然是否皆可成爲實然？唐先生以爲若明白上述道德實踐境成立之理由而自覺地求合乎道德理性，則此問亦不是問題，但爲何人常常會問這問題呢？這是因爲人自事實看，人之生活有德或不德，有自覺理想或無自覺理想，皆爲事實上的可能，因而自事實之可有可無上看，應然則不一定能成爲實然。唐先生從人之行爲必以求合理爲當然來回答，而提出「當然者必有一化爲實然之義」（《心靈》上，頁 681）他說：「人之行之求合理爲當然，亦即必實求有合理之行。此即足使此行爲成實然」（《心靈》上，頁 680）亦即人之行爲以求合乎良心爲應當，所以他一定要「實求」有合理之行。這個「要求」是人不容已的，是實然的，由此實然的「要求」要求應然實現，故應然者便非虛懸於實然之上，而可成爲實然。通過人之不容已的要求當然之化爲實然，人之現有的不合理之實然者，乃皆可不存在矣。換言之，應然必成爲實然之關鍵在於人有不容已的要求行爲合理。可是也許人還落在事實上看，還會問：就事實上看，此要求，也是有些人有，有些人沒有，因而道德理想只是虛懸於實然之上，唐先生以爲，即使如此，當然必仍可體現爲實然，因爲就有此自覺的要求者言，他乃不只要求其自己所知之應然，化爲實然，他還要求不自覺此者成爲自覺此者，要求他人自覺地求體現其應然爲實然，故應然必可體現爲實然。

第五章 作爲「超主觀客觀境界」
（絕對境界）的心靈境界

第一節 世界爲一絕對的精神實在所統攝
——歸向一神境

在客觀境界是論述人所見之客體世界，這時心靈是隱藏於客體的背後，未被自覺，亦即並非是無心靈作用，只是人不自覺而已，在這情形下，心靈發覺世界乃是萬物散殊、依類成化與功能序運三性質。在主觀境界中，我們已自覺到心靈的存在，並著手探討了心靈的三種性質：感覺、觀照、道德實踐，在感覺互攝境中我們憑生理學上之類推與直感的類推來說明他人亦是能感覺，隨而發覺心靈之觀照作用（直觀的理解），而由直觀的理解乃生理想意義，而至道德實踐境之人與我各以其道德理想互相涵攝而成一人格世界道德世界。是故，我們可以說客觀境是「我與它」的關係（它作爲一客觀對象），主觀境是「我與他」的關係（他作爲一心靈主體），現在我們將隨著唐先生的心靈探討心靈之另一性質——「我與祂」的關係。

這個「祂」在東西方思想中有種種名稱說之，「天、帝、元、眞宰、太極、太和、道體、太一、至無、至寂靜者、梵天、眞如、如來藏、至眞實者、有一切者、絕對者、完全者、爲一切愛、一切德之本原者。」（《心靈》下，頁4）意即「祂」乃是超主客而統主客之形上的絕對眞實」（同上），爲何有祂這個絕對眞實的觀念產生呢？唐先生曰：

> 心靈……自覺其有此所觀之客觀、與能觀之主觀，以成此六境之能。

> 則此心靈應爲能自超於此客觀與主觀相對之上，以統一此相對之二
> 觀，更成一超此相對，而非主非客，或通貫此相對，而亦主亦客之
> 絕對觀，而於其中見絕對眞實境者。（同上）

換言之，經過前六境之客觀境與主觀境，心靈亦自覺到它有能覺與所覺，既然自覺到此主與客，故乃在此相對之上有一統一，而超越此相對。這時呈現在我們心靈前的，就是一絕對眞實境界，名絕對乃因超此主客相對而又統之。不過，在另一方面，雖然超主客，但亦可爲心靈所自覺，故唐先生更說：「然此超主客，乃循主攝客而更進，故仍以主爲主。……故此三境亦可稱爲超主客之絕對主體境」（《心靈》上，頁51）亦即此時的心靈境界超升於主客之上，而又通於主體，意思便是心靈在一超升的歷程中，但在這超升歷程中，兼有攜帶過去的心靈境界作用，於是當我們超升擴大至此一超相對的絕對時，回頭反觀吾人心靈的歷程活動，可知有其主體存在，所以乃是主體自己之提升到一超主客相對的境界，故名之爲「超主觀客觀境界」。也因爲同於主體而又超主客，故在後三境中，「其中之哲學，亦皆不只是學，而是生活生命之教」、「知識皆須化爲智慧」（同上），亦即在後三境中，不只是學，而是教，亦不全是知識，而是智慧。何謂智慧？「智慧不是知識，知識是要知一定之理，智慧則原於自己生活之自覺，自覺是自己反省自己……超越了原來之自己，而使自己之心更大。」（《延光》，頁32）智慧是一種不同于理智論證（只合於邏輯理性、知識理性）的東西，智慧是心靈的一種提升，在智慧中，心靈透過一不限於知覺經驗的經驗（即廣義的經驗，指人生的活動，或說體驗），將思考提升到感官知覺以上的心靈境界。

　　心靈已察覺到超主觀客觀境界或說絕對境界了，但以下我們要跳開敘述的脈絡，插入一個問題：即就人心而言，「絕對」、「天」……的觀念有何重要？就人的眞實存在言，是否必然需要「天」的理念？這個問題直接牽涉到本章存在的必要性，故於此一論。

　　在上章，我們已肯定合於道德理性者，由於其在一歷程中有其一致貫通、相互支持，所以前中有後，後中有前，互爲存在，肯定一點即肯定全程，所以其可眞實存在，而無不存在之可能，換言之，針對本文論旨：唐先生的眞實存在觀而言，似已得到答案，如此則何需此章？唐先生說：

> 如只有人道或人之心性論，而無天道天心之觀念，或其天道只是如
> 今日科學所言之自然之道；則人之心性與人道人文，即皆在客觀宇

> 宙成爲無根者，對客觀宇宙，應爲可有可無之物。人死之後，縱得
> 靈魂不朽，亦均在客觀宇宙，如無依恃之浮萍。諸個人之心，亦將
> 終不能有眞正貫通之可能與必要，宇宙亦不能眞成一有統一性之宇
> 宙。（《價值》，頁 448）〔註1〕

換言之，這時人的存在並非只是一事實，亦非只是存在世界上去實踐他心中的道德理性一事而已，這時人的存在不只是一事實問題，還是個價值問題，但這價值不只是建立在我的存在這個事實，由存在的我去實現理想，改造事實這個基點上，還要追問：我爲什麼要存在？或說何以有我？亦即這時問題已非存在後的我（已在人世的我）如何去創造價值，而是要問一個更基本的問題：爲何我要出現？唐先生認爲如果這個問題未解決，則即使我靈魂不朽，對一客觀宇宙而言，均爲可有可無，而無必然性，不能究極地眞實存在，所以要有超主觀客觀境來解決「我存在的必然性」這個問題。但就我爲世界的一分子而言（此時的世界已爲諸多心靈及其六境所組成），這問題便可轉到「爲何要有這個世界？」

　　就這絕對實在而言，必然是精神的，「非物質、單純而實體性的存有物」，〔註2〕因爲若是物質，則必然是在相對的時空中，不足以稱爲絕對，若是不單純，則可分，可分則又是相對而非絕對，故唐先生肯定絕對實在必爲精神的，他稱之爲絕對精神實在，對這絕對精神實在，人們首先視之爲一「超越之人格神」、「絕對的我」，他說：

> 在一般宗教思想與若干形上學中，人之思此一形上之絕對精神實
> 在，乃在其與現實世界上下支撐對抗之局面中，思之爲一直接統一
> 主客而超主客之存在，爲一超越之人格神，或一絕對之個體，絕對
> 之我。（《心靈》下，頁 12）

換言之，人們在察覺此超主觀客觀之絕對者的時候，既然他是超現實之主客，故乃視之爲一與現實世界「上下支撐對抗」，而爲一超越的人格神，或絕對之個體，絕對的我，這就是一般所謂的上帝。其所成的心靈境界即由猶太教、基督教傳統而來之「歸向一神境」，爲何一神？因絕對若爲多，則彼此又爲相

〔註1〕本引文，唐先生原爲說明孔孟思想何以需天道論，借用至此以回答所提之問題。

〔註2〕見項退結編譯：《西洋哲學辭典》（臺北：先知出版社，民國65年），「精神」一條，頁392。此處將精神與物質對立，只是一般用法，在天德流行境，我們將說明即使物質亦是精神的表現。

對，而不成爲絕對，而爲有限的，故必然爲一神。

唐先生以爲就西方關於上帝哲學的發展，「其根本問題仍在上帝之對世界爲超越或內在之問題」（《心靈》下，頁 18），大抵由希臘至中古思想，上帝乃超越於世界之上，中古至今，則上帝日益內在於世界，﹝註3﹞但這之間有「根本上之兩難」（同上），因爲若上帝爲絕對的超越現實世界，則導致以上帝「吞沒」世界，世界爲可有可無；但若說上帝爲內在於自然與人類之歷史文化中，則上帝又可「沒入」世界，而失其存在。就「歸向一神境」言，便是要說明上帝如何既超越世界又內在於世界，而見上帝與世界之相涵攝，﹝註4﹞與此人格神（上帝）生天造地義理之不足。

就上帝與世界之關係，第一步便是說明上帝的存在，因而唐先生乃著手檢討西方哲學史上有關於神的存在的證明。

本體論論證以爲絕對眞實的上帝，乃一絕對完全之實體，不完全則無法稱爲絕對，既然完全，故必包涵「存在」的意義。因爲若不存在，則違反其完全之義，故絕對完全之上帝必然存在。

宇宙論論證以爲世間物皆爲偶然存在，可有可無，但這偶然存在現皆存在，故其後必有一必然存在以爲偶然存在之所以存在的依據，此必然存在即上帝。

目的論論證以爲自然物的活動常表現一目的，這目的不能由其自身來，因爲自然界的無機物乃無知的，故必有一具心靈之存有爲之安排，此具有心靈之存有即上帝。﹝註5﹞

對於本體論論證，唐先生首言：「人有一概念，不保證其所表者必存在」（《心靈》下，頁 29），亦即人有「龍」的概念，但龍卻不一定存在（有意含，無指謂），人可有「完全者」的概念，卻不一定代表完全者必然存在，是以本體論論證並無有效性。在另一方面，唐先生以爲此論證由上帝是完全的，故世間物之性相，祂皆必須具備，故乃綜合一切可能有之世間物的性相，以成一完全者之觀念，是故世間物現在乃是存在的，故上帝亦必然存在，然而這仍只是主觀思想上的存在，不能成功證成上帝的存在。於是唐先

﹝註 3﹞ 希臘至中古，重上帝之超越，中古至今，逐漸重上帝之內在，可參《心靈》上，頁 15～19。

﹝註 4﹞ 這樣說並非說此境義理已圓足，它亦有其限制與不足，參本境結論與下境開頭，眞正圓成在盡性立命境。

﹝註 5﹞ 本體論、目的論、宇宙論論證之陳述參《心靈》，頁 21～36。

生乃轉而爲本體論論證應如何循一「正途」以證明上帝的存在提出他的看法。
他說：

> 上帝之完全中，必須先具有世間物之存在之性質（案：此存在非知
> 識論上之存在，乃存有論上之存在），以爲其成爲較世間物爲完全之
> 一始點。……此存在之義原可直取諸世間物，而由世間物之存在，
> 更補其缺，以成非不完全之完全，方爲人形成完全者之一思想之正
> 途。（《心靈》下，頁27〜28）

這段話說明上帝的存在必須以世間物的存在爲基，既然以世間物的存在爲基
礎，故祂必然存在，但祂是完全的理由，則由於我們察覺到世間有所「缺」，
乃補其缺，以成完全存在之上帝。換言之，唐先生以爲本體論論證爲一「大
顛倒」（《心靈》下，頁28），所以他要將整個本體論論證顛倒過來，本體論由
完全推到存在，唐先生卻是要從存在推到完全，但這樣便可說明上帝必然存
在嗎？他是否亦犯了自己對本體論所批評之「人有一概念，不保證其所表者
必存在」的論斷呢？李杜先生便說：

> 至於純由思想上對世間的存在個體物擴大其涵義，補足其缺陷而至
> 一完全者，而以此爲上帝是否只是思想上的是，現實上有缺陷的個
> 體物的存在意義是否可以隨思想的增加活動而成爲完全者的問題，
> 則唐先生未作分辨。……〔註6〕

所謂「未作分辨」就是說唐先生混淆了概念上的存在和現實上的存在，所以
唐先生的上帝存在證明也被他自己的矛所刺破，而無必然性矣。

　　但是，上段李杜先生的論斷又可商榷，關鍵在於「缺」、「補其缺」到底
是何意義，忽略此點，以爲「缺」即是「無」，以爲補上現實存在之所無的性
相，便可成爲上帝的存在，便會作出上段所言之「唐先生乃連自己之批評皆
不能面對」的錯誤論斷，李先生之謬誤正於此。〔註7〕

　　「缺」和「無」有何不同？唐先生說：

> 人念及世間不完全之物，有某性相而缺某性相，而爲人所視爲不當
> 如此缺者，若缺之即致醜惡時，人即轉而念上帝，爲超於此物之

〔註6〕見李杜著《唐君毅先生的哲學》（臺北：臺灣學生書局，民國78年），頁94。
〔註7〕這正是理解唐先生的困難處之一，唐先生的思想以文從順的態度看，是頗多
　　　矛盾的。一般人最易有此判斷。林毓生先生即是如此，見劉國強先生著：〈誰
　　　是一廂情願的了解——對林毓生先生教授批評唐君毅先生的哲學之確定看
　　　法〉，刊《鵝湖月刊》一〇四期（民國73年2月）。

　　上，而包含此物之所缺，而更無此所謂缺者，而爲完全，亦無此醜
　　惡，而唯是美善。（《心靈》下，頁 23）

這段話中，「不當」、「醜惡」是關鍵所在，它顯示出此缺乃以道德理性立言，
而非對知識理性言，因爲就認知而言，有即有，無即無，是沒有「醜惡」的
感情發生的。何謂「缺」呢？缺即「缺憾」（同上），人遇日常事物，而覺其
不當有此缺憾即使人感到醜惡，故乃轉而肯定一上帝能包涵此缺憾，而無此
缺憾而爲完全。換言之，「無」乃是由知識理性而言，「缺」卻是由道德理性
而言的，唐先生說：「此宗教之生起，在開始點，即是當有而合理的，此所謂
合理，僅可只是合道德理性之理，而非合純知的理性之理。」（《發展》，頁 340
～341）亦即唐先生在此已將整個論證換質了，雖然在表面上看來，和傳統的
本體論論證相似，但差之毫釐，失之千里。本體論論證是由上帝的完全到上
帝的存在，其中連接的是知識理性，是認知的、概念的；唐先生由世間物的
存在到完全的上帝的存在，其中連接的是道德理性，是以若在此時詢問何以
我在知覺經驗上感覺不到完全的上帝，則這問題是不相干的，因爲上帝的完
全乃是從道德理性的基礎上發展出來的。

　　唐先生由道德理性說起，故有道德實踐的基礎，亦即必須有所感到「缺
憾」，才能證成完全的上帝之存在。在感到缺憾之時，我們亦已確定現實事物
的存在，而由感其缺憾，轉而肯定一包涵此缺憾而更無此缺憾之上帝，但這
肯定是歷程的肯定，乃由其愈感其缺憾而愈肯定完全的上帝之存在。因爲當
人感其缺憾而知一理想或實現一理想時（理想的產生，是因缺憾乃由道德理
性作用而有，道德理性爲求其自身之統一，故必有理想及行爲），「人即可知
此理想、及實現此理想之能，其表現於其心靈生命之中，有其不竭之泉
原。……人於此即可更視此形上之泉原，爲天、爲神靈……」（《心靈》下，
頁 434），亦即當人相繼感到缺憾，而有一相續理想及行爲產生，而思此理想
之所從出，即肯定了完全的上帝之存在了。

　　對於宇宙論論證、目的論論證，唐先生以爲此二論證與本體論論證相同，
皆不直接由世界物之存在，而上達於上帝之存在，因而亦是思想方面上的「大
歧途」、「大迂迴」、「大顚倒」（《心靈》下，頁 31），由於唐先生認爲此二論證
的形式一樣，都是由假設出發，假設宇宙可有可無或假設自然界可有可無一
目的出發，而證明上帝的存在，因此錯誤亦同，唐先生的批評亦同，故以下
只舉宇宙論論證爲例，而略過目的論論證。

　　唐先生以爲宇宙論論證出發點便是要越過此經驗事物的存在，而說它不存在，亦即不循上述所言之「正途」措思，所以它要說經驗事物可有可無爲偶然存在，但今存在，故必有一上帝的存在來保證此經驗事物之存在，故上帝存在。唐先生認爲這個論證之所以無效有兩個理由：一是若說事物可有可無，那麼現在雖然由有事物存在，以逼出上帝必然存在，但這事物仍然是可有可無，如此則由可有可無之事物，如何能證成上帝之必然存在。二是若要證成上帝之必然存在，必須先說明事物爲一存在者，那麼何以不自始即說其爲一存在，而要先說之爲偶然的存在呢？因此此論證乃大歧途、大迂迴、大顛倒而無必然性矣。〔註8〕

　　以上，上帝存在的說明，仍只是個人主觀上存在的上帝，而道德實踐境，我們已經知道，所謂客觀存在有二義，一是不能任憑主體所任意想像捏造擺佈；二是有他人心靈共知，因此現在我們便來說明上帝存在的客觀性。順著前文由道德理性建立的主觀上帝，此時上帝的客觀性，便是「道德心靈之互相涵攝而結成統一的精神實體」（《心靈》下，頁63），對於這個由道德心靈之互相涵攝而結成統一的精神實體的存在有二種理解方式：一是「哲學思維的理解」，此思維「賴於對吾人之一般理解事物之思維方式，次第加以提升擴大，而將其原來之方式，加以銷磨，以使人之思維，由此諸方式之銷磨，而自其中之限制封閉，一一拔出。」（《心靈》下，頁66）此可說是「窮智見德」（智是理智之義，非智慧之智）；〔註9〕二是在人之道德宗教生活之直接體驗中之理解，以下便從哲學思維的理解說起。

　　就哲學思維的理解，是一長久的工夫，「非凡人所能耐，非短智者之所能及」（同上），唐先生以爲就西方近代哲學的發展言，恰是一哲學思維理解上帝的過程。這有五步的歷程。

　　第一步：「將一切分別存在之各類自然物，視爲共屬於一統體而無所不包之自然神，並以之爲因而生，如斯賓諾薩之哲學，即可觀照此自然神之爲一無限之實體，此當爲第一步。」（同上）唐先生以爲第一步即以自然與上帝同一的斯賓諾薩哲學，此哲學以爲存在之物之所以爲存在，不只在其表現之性質，而在其有能力表現其他性質。因而一存在之所以有不存在之可能，即在

〔註8〕　對目的論證與宇宙論證的評論參《心靈》下，頁32～36。

〔註9〕　「窮智見德」爲勞思光先生所提出，在此借用，唐先生以爲除「窮智見德」外，必須加上「順德成智而即智見德」一語，前者由末返本，後者即本成末。參唐君毅著《補編》下，頁244，唐先生與勞先生之論學書簡。

其內部性質能力之有限。整體的自然是一實體，一一自然物皆為此實體之諸表現型態而相互限制影響，此實體藉表現為種種有限之自然物而超越一一之有限而無限。但上帝亦無限，故自然即上帝（無限不可能有二，若有二則有限矣），上帝具無限能力，故必然存在（與本體論論證不同，存在的概念不在其自身中）。此統體的自然或上帝（能生的自然）即化生表現為一一自然物（所生之自然），而又超越的包涵此一一之自然物（非並列，如一存在物不可能同時冷又同時熱，乃是歷程的、層級的）。而人能理解此渾然一體之自然神，在於觀照此有種種差別相之所生之自然，同時又有一超越的包涵之心靈智慧湧現。此心靈智慧即與上帝或能生之自然相應而合。

換言之，此哲學乃屬觀照凌虛境也，雖可肯定一一自然物皆統屬於一自然神，人亦可觀照此一實體，但唐先生以為有二個缺點，一是一切自然物之個體是否只能以其性相說之呢？一是吾人若正視一種類中之個體之自求其存在，及其為此而受之種種苦難，則不容人只取一靜觀的態度。〔註 10〕所以我們應當要先正是此一一個體的個體性，因而有第二步。

「依感覺心，將所感覺之世界，攝於此能感覺之心，而不見其外有感覺世界，如來布尼茲之哲學，為第二步。」（《心靈》下，頁 66）來氏的哲學為一正視一一個體之個體性，而又要保存一超越的包涵一切個體的上帝的存在的哲學。正因他正視個體，故他提出單子無窗的理論，以為一個體心靈可知覺世界之一切個體，以成其統一心靈中之世界。而一一個體乃獨立而封閉於自身，但世界中之個體雖封閉，卻又能互相配合相應（但其不能知其相應，即使一個體心靈自謂知此相應，其知亦封閉於其自身），否則宇宙便不可能規律運行。不通而又能互相配合，顯然有一超越個體之上的心靈，有一大能力、意志，使宇宙之單子之活動能互相配合而有一和諧的宇宙。此即來氏之預定和諧論證以證明上帝之存在。〔註 11〕

唐先生以為來氏之哲學「畢竟為一自相矛盾之哲學」（《心靈》下，頁 59）。因為吾人至少可說，若人之心靈真為一自我封閉於其感覺世界者，則人便應當不能本著理性來知道其他心靈與感覺世界之存在，更不能知有上帝之存在，換言之，人之感覺與理性應為不同層次之知能，人的感覺世界縱使為自

〔註 10〕此上論述參《心靈》下，頁 41～54。

〔註 11〕以上可參《心靈》下，頁 55～59，來氏另有一由數學成立的必然性來證明上帝的存在，由於與此處目的不相關故不論，而且數學吾人已知乃由觀照凌虛境發展出來，故此論證亦無有效性。

我封閉者，人之理性也非一自我封閉者，故有第三步。〔註12〕

「以一切可能被感覺，可能被經驗者，屬於一能超越一切現實之感覺經驗之能理解、具理性之心，此心自能形成統攝性之『世界』、『自我』、『上帝』之理念，而以之統攝一切，如康德之知識哲學之所述，爲第三步。」（《心靈》下，頁 66）康德即看出人之「理性之知與感覺之知有受動能動之不同」（《心靈》下，頁 59），並且以爲人有超越的統覺來統一此理性之知與感覺之知。而人的理性機能，他又分爲理性、理解，由能涉及對象而自具範疇的理解與感性之運行建立知識，而由有統攝作用，作用於理解之上而不涉及對象者爲理性，自我、世界、上帝諸理念即爲人之理性所產生，是故上帝存在不能由純粹思辨之知識所證明，因而必須有第四步。〔註13〕

「超越此知識之世界，更見一行爲之世界。于行爲之世界中，知人與我之道德人格之自身爲目的，而普遍加以尊重，以形成道德心靈、道德生活，而超越於感覺欲望的生活之上，如康德之道德哲學之所述，爲第四步。」（《心靈》下，頁 66）上帝的存在不能由知識理性來證明，其源由人之實踐理性，所以人可以在實踐理性的道德生活中「置定」上帝的存在。故康德由道德生活中之德福一致來說明上帝必有。人望有道德的人，同時有福，但有道德者卻不能爲其自己求福，因如此便違反道德的純粹性，故必須設定一存在來維持宇宙之道德次序者，此即上帝。但既爲設定，則人便不能「實證」上帝的存在（非感官經驗的實證），而其又認爲個人之實踐道德只能順從依理性而自建立之形式的規律，而忽略了道德生活的客觀內容對人情操上的滿足（福的一種），故乃認爲必賴上帝爲之致福，而認爲有德者不能自致其福，所以必須有第五步。〔註14〕

「由此道德心靈與道德生活，使人打破其自我之封閉限制，而體驗及一普遍心靈之存在，或神靈之存在，如上述之菲希特之形上學、道德哲學所及爲第五步。」（《心靈》下，頁 66）菲希特由道德生活自始爲個人之我與非我之其他人之我之共同生活，所以此共同生活自始即有了康德所忽略的客觀內容，亦可使人情操上之滿足。而他又由我與非我之他人有相互的道德行爲來說有一超各自主觀之自我之客觀精神、普遍自我存於其中，此普遍自我就是

〔註12〕參《心靈》下，頁 59。
〔註13〕參《心靈》下，頁 59～60。
〔註14〕參《心靈》下，頁 38～42、60～61。

上帝。〔註15〕

　　至此唐先生乃更進一步說，人之道德心靈人格之相互感通，就是普遍化其自我，以成一普遍的互相包涵的道德自我。而自此互相包涵、感通所成之一統一的精神實體來看，則可說是一「絕對的自我、絕對之精神實在」，而「人我相對之自我、或主觀精神，則可說爲此絕對自我、絕對精神實在之分化表現。」（《心靈》下，頁62）

　　第一步我們知道自然和上帝同一（此時我亦爲自然中的一分子）；第二步我們肯定了在這同一之中，個體必須先確立與正視；第三步確立這樣的上帝不能由知識證明；第四步確定由人的道德理性出發，以肯定上帝的存在的目的；第五步肯定了有由人與我之道德行爲之互相感攝而成之絕對自我存在——即上帝，如此則確立了世界與上帝之相涵攝。〔註16〕

　　對於上帝存在之第二種理解方式即人之道德宗教生活之直接體驗。以道德生活言，即由人我之同情共感之「直感」、「直接體驗」來理解上帝的存在。唐先生以爲，就這人我道德生活的同情共感，人可見「此道德心靈結成之統一的精神實在」（同上），但爲何我們都未能如此實感到這上帝呢？這是因爲一般人受到生活習慣與欲望的限制封閉，所以在此精神實在呈現之時，人常不能眞切的反省到，或來不及有眞切的反省。是故這種直感上帝的存在，通常發生在日常生活習慣不能用事的時候，如自然的災難、民族間的戰爭之際，此時眞切的反省方出現，而感到有人我一心，無自他之別的共同意志、情感、思想之共同的心靈。而此一共同心靈又不只存在於一一之個人主觀心靈中，亦由此中人之自然環境、客觀社會所成就，是故亦有客觀意義。換言之，此大心靈乃瀰綸天地，而「一切人我之主觀心靈，與天地萬物，皆其表現之地」（《心靈》下，頁 64～65），但這並不是說此精神實在只是內在於人我之間，祂亦在人我之上，唐先生云：

> 此直感雖出自於我，而亦以超於此自我之外之他人心靈爲我所直感，而使此直感，亦出於我之自我自身之外，剋就此直觀之形成而觀，當說此直感，乃既超越於我之上，亦超越於人之上，以爲一人我心靈之

〔註15〕參《心靈》下，頁61。

〔註16〕這個證明上帝的五步驟是粗鬆的，其詳細論證唐先生皆隱而未發，我們也許可以質疑。不過，在此我們只需了解唐先生的證明方法是「呈現」的方法即可，詳見結論。

　　統一體。剋就其既超越於人我之上，爲人我心靈之統一體而觀，亦即
　　爲一普遍心靈或神之呈現而存在於前。（《心靈》下，頁65）

亦即此心靈不僅內在於人我之中亦超越人我之上，這是因爲人我之直感雖出
於我，但它亦由他人心靈而成，故超越我，同樣地，亦超越人，而在人我之
上有統一。

　　總結以上，我們可以說作爲對歸向一神境的「眞實的理解」（《心靈》下，
頁62）而言，上帝和世界的關係乃是既超越又內在，我是上帝的「分化表現」，
所以上帝內在於我，但祂又不只表現爲我，我只是祂的「分化」表現，祂亦
表現爲他人，故亦超越於人我之上。不過，這樣的上帝觀，不是泛神論
（Pantheism），而是唐先生所稱道的「泛有神論」（Panentheism 或譯萬有在神
論），〔註17〕泛神論者，神內在於世界，無超越相，神與世界同一；泛有神論
者，神內在於世界，但亦超越於世界，世界乃在神之中，每一事物都是神的
一部分，但神大而世界小。

　　上文已提及，歸向一神境乃是由猶太教、基督教之人格神傳統而來，相
對於這個傳統本義的上帝觀（上帝爲超越，甚至絕對，世界爲上帝所造），唐
先生所提的這個上帝觀，雖然在西方思想中有所依據，但較爲罕見，然而卻
是「最足稱者」（《心靈》下，頁 226），意即較合理，所謂「眞實的理解」之
意義即在於此。但正因爲與傳統本義的上帝觀差異頗大，所以以下，唐先生
在評述一神教時，常連同傳統上帝觀一起敘述。

　　現在我們回到本節開頭：「爲何要有這世界？」由於此時乃在「一神境」
故問題可以轉爲「上帝爲何要有這個世界？」

　　對於這個問題，西方之上帝觀皆無必然之義理可說；主要的困難在於人
之自覺有自由，〔註18〕人之自由與上帝的必造間乃有種種糾葛。〔註19〕

　　若說上帝乃有一預定計畫以造一一人物，則此人應無任何自動自發的自
由，人之自覺的自由即成不可理解；若依泛神論，一切人物皆爲神之不同型

〔註17〕唐先生以爲之泛有神論者大體指的是席林、菲希特、黑格爾、懷特海、貝加
　　　　葉夫、哈特雄等人，參《心靈》下，頁1820、2267。當然這些人觀念是有差
　　　　異的，以具綜攝整體智慧之唐先生言，涉跡取同可也。

〔註18〕人的意志自由在唐先生是認爲一定有的，這表現在人可以自覺的支配自己，
　　　　但也許我們可以懷疑人一生下來，就有這個身體、環境，豈不是限制，依唐
　　　　先生，人的自由恰巧表現在這限制上，即接受這個限制而突破這個限制，參
　　　　《自我》一、二章。另外第九境盡性立命境亦將說明此論點。

〔註19〕以下的敘述本《心靈》下，頁224～230。

態的表現，如此神有自由，自人物之可如此亦可如彼，似亦有自由，但實則此時之自由乃神之自由，則「仍與人之自覺有自由之事，互相矛盾」（《心靈》下，頁 225），所以在這上帝之自由與人物存在的必然、人之意志自由乃有種種折衷之道。

一種是人之自由乃上帝所必然賦與，但如此則人之自由，豈不可破壞上帝之計畫？一種是上帝知人物之各種可能的表現，此可能表現，是即為上帝的計畫，但如此則上帝的計畫，豈非同於一不決定，亦不能自加實踐的計畫。再一種即上帝所言之泛有神論，此即「萬物固賴上帝以成萬物，上帝亦賴萬物以更成其為上帝」（《價值》，頁 463），「依此說，上帝既許人物以選擇創造之自由，而又許此人物與上帝合作，以共造此世界。」（《心靈》下，頁 226）此說以上帝為價值的化身，祂要創造世界，即要使理想實現，人的自由亦是上帝所預計的價值的實現。上帝非必然的限制人的選擇、人的自由，上帝是將其心中所知無限的可能，自動的呈現在人的面前，供其自由選擇，以利人之實現，並將人之實踐成果，攝受而保存起來，而更豐厚其自己。唐先生以為這個看法最接近中國的思想，但仍有問題，問題在於「若此諸可能，唯賴上帝為之展示，此展示乃屬於上帝之權能」（《心靈》下，頁 227），那麼人之自由選擇即有限制，而且我們如何能知上帝必永展示各種可能於人物之前？（因為既屬上帝之權能，則人無當無法確知）。換言之，折衷之說皆有疑問。〔註 20〕

捨折衷之說，西方另有一捨上帝必然造世界的看法，因為若上帝必然如此造世界，則人可以以此世界所呈現的性相轉而判斷上帝，如此「吾人即可轉而說上帝之心，為此性相基型之所限定，吾人亦即可以此性相基型之概念，規定上帝，亦限定上帝之所以為上帝。」（《心靈》下，頁 228）如此則違反了上帝的絕對自由，是故上帝跟本不需要這個世界，祂可造可不造這個世界，即使造了亦隨時可改變，無任何其他理由，可為人所知。則由此上帝之任意自由所成之人物，其存在皆飄搖不定而可有可無，而成為一大幻影，但此「為人所不能忍受」（《心靈》下，頁 230），因為此結論和人依規律而自命自令之道德行為矛盾（既然規律無確定性，則人應無法成就其道德行為），而且也和人自覺地求事物之規律以有對事物之行為矛盾矣。

〔註 20〕唐先生在此顯然已要逼出上帝之自由即人之自由、人德即天德的看法，這是盡性立命境所要證明的論點，即人德成就即天德流行。參第九境。

由以上，我們可以知道有人我之道德理性相感攝而統一人我之絕對精神實在存在，在一神教，即名之爲上帝、爲神靈。但由此而言神靈（人格神）與世界之關係則尚未全合理。而由前一點，乃使人在道德實踐上，信有一神，依然有其提升之效。唐先生云：

> 唯當人之自我之執深重，而智慧不足，又貢高我慢之人，則又非謂在自我之上另有神靈大帝爲大我，不能自克其傲慢，以免於謙抑。又當人自覺沈陷於罪業苦難之中，全無力自拔之人，亦宣信一神靈之大我，以爲依恃。此一神之教之所以不可廢也。（《心靈》下，頁 213）

換言之，由於有一統一人我之精神實在存在，人視其爲上帝，所以在道德實踐之過程中，有其提升境界之效，而使人脫離較不合理之低層境界。唐先生在此舉了二例，一爲智慧甚儉，又貢高我慢者，一爲陷於罪惡苦難而無力自救者，此時乃應呈現有一大我之一神存在，以抑其慢、升其慧，或就其脫苦離罪。唐先生在此顯示的乃是信仰依於人之道德理性而屬於人，而非人屬其信仰，重人之能信之主體，而不重人之所信之客體，也就是說道德並非爲了建立宗教，宗教生活在道德生活之上，則道德生活成了功利主義的工具，但我們在道德實踐境早已說明道德本身即爲目的，它無外在目的性，因而必須說宗教生活乃爲了成就道德生活，圓成道德理性。〔註21〕

第二節　世界爲因緣生故不可執——我法二空境

在上節，我們說明有一絕對的精神實在，然而若將此精神實在視爲一人格神以創造世界，則有疑難產生，沒有一個合理的解答，我們的論點集中在上帝必然創造世界與人的自覺自由無法和諧處理，但上文刻意地忽略了世界存在的苦難問題，因由人之自由意志即可使上文之上帝創造世界觀產生困難，如果由人的自由與世間的苦痛罪惡合看，則更易使人懷疑這樣的「上帝觀」（上帝創造世界，並且有一計畫）是否可以成立？（此懷疑必未說無一精

〔註21〕爲何要有這樣的說法呢？大抵儒者見宗教間之紛爭，互相攻詰、衝突、分裂，皆有「說不出的難過」，此說既可承西方康德以實踐理性設立上帝，而無其以宗教生活爲道德生活之上之弊，又合儒家之以道德理性首出之觀念，唐先生以爲這是化解宗教紛爭之途徑，參〈儒家之學與教之樹立及宗教紛爭之根絕〉一文，收入《中華》下。事實上，唐先生要將指謂基督教的歸向一神境不從傳統本義的「超越的上帝」而說成「既超越又內在的上帝」用意之一亦是如此。又關於道德成就宗教則淪爲工具之功利之義，參《心靈》下，頁 298。

神實在，精神實在上文以肯定）唐先生云：

> 佛家對此上所說之天命觀之非議，大體上皆用歸謬法之思辨。恆不
> 外謂依上述之天命論，必歸於與人之自由之矛盾，亦不能說明世間
> 何以有種種苦痛罪惡所以產生。而苦痛罪惡之事實之存在，尤明與
> 上述天命論之謂「上帝創造世界之計畫，初為合理的，亦依於上帝
> 之善意志」之說相矛盾。（《心靈》下，頁 230）

上帝依其計畫與意志來創造世界，佛家對這種上帝為人格神之見，更由人間
的苦難以說明如此上帝之不存在。慈善的上帝何以會創造出苦難的世界呢？
在此我們不能說此乃上帝之奧秘，人無法得知，因為這畢竟是取消問題，而
於苦痛予以「忽視」（《心靈》下，頁 83）。若說上帝為了磨練人、試煉人，而
以苦難予世界，以為未來榮神益人之目的，則「上帝為顯其自身之光榮而造
世界，即無異謂上帝純為一自私之上帝」（同上），而上帝為顯其自身之光榮
或者為一大目的而造世界，而使其中之人物感種種之苦痛，豈又非為一「至
不仁之上帝」（同上），所以佛家用歸謬法否定了如此的上帝觀，它展示另一
種對絕對的精神實在的追尋方式。

　　一神教對於絕對的精神實在的看法，是在主觀的我與客觀的事物之上，
肯定了一統此主觀的我與客觀事物的上帝，而人即以對此上帝之信仰，來破
除人對其主觀的我與我所對的客觀世界的貪戀執著。在上節末，我們亦說人
由此一神靈大我超越地存在，可克制貢高我慢而智慧低者或以神靈之力（他
力）來救我脫離苦惡，這雖然在道德實踐上有效，但又非必然有效，何以故？
以超越的神靈克制我慢或離苦，只能消極的運用（有一神靈在上，以克我慢；
有一上帝可助我脫苦離罪，但仍需我自的努力），不能積極的運用。若積極運
用，則便使我執甚重者，在第一步可破其我執，第二步便可執此上帝之名義
以屬於其自己，而使主觀小我「加以膨脹」（《心靈》下，頁 92），更增加其對
小我之妄執與貪執，這就是「西方宗教徒之信神靈自居者，以其殘殺異端，
為奉上帝之意旨」（《心靈》下，頁 247）的緣故。在另一方面，信仰上帝以就
苦離罪亦只能消極的使用，否則人更可將其自我超升之責，皆交付上帝，而
自認為無責任，蓋其既為上帝所創，則本一無所有，既一無所有則一切責任
皆在上帝，如此則更助長其懈怠與墮落。佛家在此展示了另一追尋絕對的方
向，它不是同一神教之先立主客，再在主客上立一超主客之絕對的上帝，藉
上帝之力以「間接旁破」（《心靈》下，頁 348）我慢與我執，而是「直接正破」

（同上）主客，而顯一超主客境界。換言之，此超主觀客觀境界，乃是直接超主觀超客觀，直接泯主與客、我與非我之分別，去主客之分別心而顯現的，這就是「我法二空境」。

　　指謂佛教的我法二空境就是由「苦痛煩惱」入手的，由照見有情生命之苦痛，與之同情共感，而起之「慈心悲情」出發，唐先生曰：「此慈心悲情，其初當亦只由澈入若干所見之特定的有情生命核心之苦痛煩惱而起。」（《心靈》下，頁76）亦即由生命的苦痛，而起一救度有情生命之悲願。四聖諦「苦、集、滅、道」以苦爲第一，即此緣故。就這苦痛煩惱的來源乃見於生命的無常，生老病死，流轉不定，亦即由生命之偶然性所引起，但這偶然性並非如歸向一神境之指一現在的現實事物之可有可無之偶然性（西方由此現實事物之可有可無，而現在有故轉而肯定一上帝之必然存在，以說明可有可無事物之所以現在存在），現實事物之有即有矣，就不可能現實上無，它的可有可無必對未來言，對未來才可說有真正之可存在、可不存在，才是真正的偶然性，對此無常之造成苦痛煩惱因人有求常之願欲，唐先生說：

> 此人之有苦痛煩惱，乃與人之生命生活之求其自身之相續存在，乃本質必不可分者。因求相續存在，皆求相續存在於未來。未來非現實上所已有，而只爲可有，可有者即亦可無。故凡欲有此可有者，即必念其可無，而起煩惱；亦必於其實無，而生苦痛。（《心靈》下，頁78）

由人之有求其自身之相續存在於未來之願欲，故其念及其未來之存在乃無必然性時，而卒引生煩惱，所謂「無常是苦」是也。

　　一切有情皆以自身之相續存在爲目的，但世界之一切有情合起來卻不可說世界有一大目的，因爲上文已明世界有一大目的或有一上帝之計畫乃不能成立的。而一切有情之爲求自身之相續存在爲目的之間，亦矛盾衝突，互不知對方之願欲與目的，而有互相爭勝、仇敵、殘殺之事。唐先生以爲就此「互不知」言，就是「有情生命間之一大黑暗、大無明」（《心靈》下，頁84），這大黑暗、大無明，便是佛家所謂生命之「根本癡」（同上），爲其各自願欲而互相爭勝，而恆欲居上位以凌駕他人之上，便是生命的「根本慢」（同上），由爲其願欲而欲用其他生命存在爲工具手段，即是生命之「根本貪」（同上），由爲其願欲而與其他有情互相對峙爲敵，即是生命之「根本瞋」（同上），有情由此無明黑暗而皆欲其願欲之達成，則世界更爲一苦難煩惱之場所矣。

　　但吾人如何指出一條有情生命能完全達成其願欲的道路呢？於此如果有情生命皆只各自有其所願欲之未來，而未見其他有情之願欲，而如上有一大無明，以貪瞋慢相遇，則勢不能完全達成其願欲；而若一一有情，皆欲達成其願欲，則必只有無盡期的互相爭勝吞噬，仍不能完全達成其願欲，唐先生以為佛家在此正有一智慧，即「放棄才能完成」，他說：

> 由此而見此有情生命之此類之願欲，必需澈底超化為其相反之願
> 欲，而後能達成。……此佛陀之所言之道……初為一教人如何自其
> 生命中貪瞋癡慢等中解脫，亦即除去其生命中之自我執著，而自其
> 生命之種種束縛、封閉、限制中，超拔而出之道。（《心靈》下，頁
> 88～90）

換言之，有情自貪瞋癡慢等種種執著中，去求自身相續存在，乃必然是無常的，有種種衝突矛盾存在，若要達到「常」，則必須除去生命中之貪瞋癡慢，除去其執著地一定要求生命之相續，而自生命的種種束縛限制中超拔而出。當人們自限制中超升而出，便可對一切事物如實觀，而解脫其苦痛煩惱矣。

　　對一切事物如實觀，即破有情生命中之執著，佛家以執著可分二類，一為對主觀自我之執，名我執；一為對一切可視為非我而客觀存有之一切事物之執，名法執，當人破其主觀之我執與客觀法執，便可使心靈到一超主觀客觀之境界。

　　但如何破我法二執呢？此中之所以可能，「要在人之深知此中人之我法之執所自始，或我法主客之分別心之所自始。」（《心靈》下，頁94）要除去主客分別心之法我二執必須在分別心所開始的時候，唐先生以為分別心之所自始，在人之自覺境界中，就是在我與非我之他人或他物之對立時，即有種種之概念以分別人我，並執此概念來判斷何者屬我，何者屬非我之執。但人就此可自覺的我與非我之分別執著可不斷的出現言，又可發覺此自覺的執著有其根原，即人之不自覺的對我與非我之分別之執著，此不自覺之分別我執為俱生我執依唯識宗屬第七識末那識，自覺之分別我執則為依第六識而起的俱生我執。人之破其執著，則首在破能自覺的分別我執，並進而破不自覺的俱生我執，但正因後者為不自覺者，所以「非以極深之宗教性兼道德性之修持功夫，如禪定等，不能全破」（《心靈》下，頁95），故本文將以前者為主論之。

　　唐先生以為就人之執著言，乃執著對象的實在性，故若吾人能說明對象並無實在性可為人所持執，則人便可破執。依佛家，即以「緣起」說明對象

為無實在性與無常，唐先生曰：

> 此無常，乃屬於其存在之本性。其存在，即以因緣生，為其本性，
> 亦即以隨因緣之去而不存，為其本性；而其自身，即無必使其自身
> 存在之本性或自性，亦無此一本性或自性；而只有一無此自性之性，
> 或其自性為空之性。其……即非實有而為假有。假有者，假因緣而
> 有，即待因緣而有。（《心靈》下，頁 100）

換言之，事物之所以無常，就是因為它乃是依因待緣而起的。既然為因緣起，
故因緣有所變化，其亦將隨之不存，是故它乃「無自性」、「性空」。所以事物
必不是真實有，而是依其空性而有，依因緣和合而有，此之謂「假有」、「妙
有」。

人知緣起性空之理，便可使人超拔於貪瞋癡慢等虛妄之執，而息其分別
心，超升至一「空」境，而至一超主觀客觀的「絕對」境。

但以上所言實只是佛家之絕對觀，只是一絕對「論」，而尚無實踐論，所
以唐先生又提及由此緣起性空而起之工夫以及人之超凡入聖成佛的可能。

對於這二點，在我法二空境中，唐先生處理得稍簡單。他認為由人知緣
起性空而去無明始，而能「充此知其非常有實有之知」（《心靈》下，頁 120），
則「六度萬行之德，皆次第而出」（同上），因為無貪便能布施；不瞋不慢便
能忍辱；持不貪不瞋不慢等戒便是持戒，持而不捨便是精進；如此亦能使其
心能定於修持而得一禪定之境；而使一切實有之執皆空，照見一切法無自性，
以成般若慧。換言之，即我們在第二章所言之由如實知以起真實行也。〔註22〕

就世界為一因緣起而言，我們在功能序運境已言，唐先生以為黑格爾和
唯識宗之因果理論為較能兼顧邏輯與事實意義（雖尚有小問題），為合乎理性
與事實者。依唯識宗，一現實事物能現實化乃依因待緣而成，即有主因和助
緣，就其主因而言，即其種子義，此種子涵藏於賴耶識中。「賴耶識中涵藏無
量之善惡染淨之種子」（《心靈》下，頁 116）由種子現行而造業而有因果業報，
便可使惡種斷盡，善種愈現行而增強。若問善種可能斷盡嗎？唐先生說不會，
因為「虛妄乃對真實，而稱為虛妄，故真實必有；真實依無虛妄而見為真實，
故虛妄可無。」（《心靈》下，頁 117）換言之，人由知世界為一大緣起而無我
執、無法執，又可由修持而去種種不善之行，而使無漏善種愈行增強，而愈
起善行，「此無漏善種之所在，可更說為眾生之佛性之所在」（《心靈》下，頁

〔註22〕 此段論述參《心靈》下，頁 120。

121）亦即無漏善種即眾生成佛之依據、成佛之本性。但人之自力修持以成佛，除自己本有此善種外，亦賴其他善緣，於是人雖有六度萬行之德，亦能自視其德爲空，亦不視之爲常有，執之爲實有，而「唯其不執之爲實有常有，故亦無所謂不有之時」（同上），即此六度萬行之德正以其不被執著爲實有，而眞實不虛也。〔註23〕然而人之具足六度萬行而至成佛，非一生即可達成之事，故佛家乃肯定業識不斷，即人之行業種子不以其一生之根身之壞而斷滅，此只可說其外緣喪，若有其現行之外緣，則更可現行矣。

至此，我們可以回答絕對境所要處理的問題：「爲何要有世界？」依上述，則此問正表示問者之執著，他要告訴問者，世界正是「空」、「無自性」，乃依因待緣而有，如此執著乃正所以有苦痛煩惱。而人正是有去此執著，而使一絕對——佛性顯現也。

第三節　世界爲人德與天德互相涵攝而成就 ——盡性立命境

到此，我們可以知道，絕對境所面對的問題便是：世界的存在到底是一事實，還是有價值？它是實然的，還是有其應然的理由？在唐先生的思想中這個問題具有重要地位。唐先生在六、七歲時，父親向他說了一個故事，即在科學預言上，將來太陽光熱必定暗淡而消失，地球亦將滅亡，只剩一人帶著一狗，默默等待地球的滅亡。以致過了幾天，下雨過後，土地經太陽一曬而裂，他便想地球是否要崩裂了。於是世界會不會毀壞？是不是有一個不會毀壞的東西？世界存在本身是否有價值？便一直在心中盤旋。唐先生在晚年說：「聽這個故事到今六十年了，我總擺在心中」、「對我個人思想的影響很大」。〔註24〕換言之，就絕對境言就是追求絕對，世界有沒有一絕對價值？以

〔註23〕 此段論述成佛之根據——佛性之意，是在已有佛陀之前提下，方如此說。但此說，理論上，成佛是有問題的，唐先生並非沒有自覺到，在《原性》篇，唐先生即談到此唯識善種待緣而起現行而成佛，究極地必至無佛可成，因「前更待前，相待無已」參《原性篇》，頁227～230。但我們要知道，此處唐先生如此說乃是道德上實用的理由——去傲慢。他說：「由此而人即可對其自力之修持工夫，亦無矜持、自恃、傲慢，而去此矜持傲慢等不善種子之現行。」（《心靈》下，頁120）

〔註24〕 引文見〈民國初年的學風與我學哲學的經過〉一文，《補編》上，頁3767。此事唐先生提及之次數頗多，如《延光》，頁18、《心靈》下，頁467、《重建》，

一神教言，神大而世界小，上帝創造世界，上帝擁有絕對的自由，世界則爲附屬品，即使是泛有神論者所言之上帝需要世界，世界亦需要上帝，但其中，世界亦是被創造的對象，人或世界之選擇的可能依然是在上帝所展示的可能中，此意我們在歸向一神境中亦已說過了。以佛教言，世界爲無明雜染，人正當去此無明執著，以解脫得度以便在這變而無常的現實世界外，另尋一絕對之存在的世界，故對現實世界亦無積極的肯定，本節正是要說明世界的存在是否有積極的正面價值？

在我法二空境，我們已知就一神的信仰只可消極運用，否則人可能自以爲爲上帝的代理人，而又無成德之責任感可言。現在，我法二空境依然存有這個問題，它亦只能消極的運用。以前文稍提及的三世因果（必有來生，以保證今生不成佛，來生可成）或善惡因果言，人便可言，既有來生可成，則今生亦不需精進修行；或說既然善有善報，惡有惡報，則眼前有一人受苦，吾人亦不需有慈心悲情以同情，因皆其自己之業報，故苦痛爲其當受，甚至人以苦痛加諸他人身上，更可自謂此乃其先有罪，或其前生欠我者；而不善者之得樂享福，亦可視爲當然，因皆其前生爲善之故，則此善惡因果可摧毀道德矣。〔註25〕

但雖是如此，只是表示佛教之信仰不可積極使用，但可消極使用，並不可完全否定，依然有其眞實部分，唐先生云：

> 在智慧較高之人，而自知其我執法執深重者，則必先以破除我法諸執，而觀其所執之空，方能自見其深心本心；故宜說此深心本心，爲一在纏之如來藏，爲無明所覆之眞如心、法界性起心。此即佛教之所以不可廢也。（《心靈》下，頁213）

人之我執法執甚重，而有種種煩惱，便應觀其所執爲因緣生而解脫煩惱。換言之，在唐先生看來，佛教雖未能積極肯定世界，可是在人的道德實踐上，在人由不合理的生活境界超升出來時，佛教亦有其不可廢的地位。

所以就一神教與佛教言，它們的存在地位，乃在道德實踐的歷程中予以肯定，故宗教乃是圓成道德（圓成道德即圓成理性——道德理性），而非道德乃是爲了圓成宗教，它只能消極運用，而不能積極運用。所以唐先生說：「對之皈依信仰，即所以導人之心靈，更向上升進之途，而完成人之一般之道德

實踐之功者也。」(《心靈》下,頁 345～346)因為道德理性無外在目的,它本身便是目的,就要肯定宗教言,亦必須得到人之道德理性的首肯,合於道德理性。

　　以上我們稍微解釋何以唐先生既要肯定基督教與佛教,但又不能完全肯定的理由。然以絕對境所要處理的問題言,二者皆未能正視現實世界的價值,基督教以世界存在為偶然,為了要求一絕對,所以有上帝的必然存在(或從另一方面,以人有原罪,唯有藉耶穌方能得到上帝的救贖,而得以在天國永生);佛教視世界為因緣生,為無常,而有苦痛,為了要求一絕對,乃有去執著,種子現行或佛性起現,而得度,而能超苦痛以至極樂世界,不再淪於生死輪迴之中,以達一常樂我淨的涅槃境界。唐先生在此認為上述二教皆為人生之「醫藥」(《心靈》下,頁 302),基本上皆視人為有限性、偶然性、罪惡、染業、執障之「病患」(《心靈》下,頁 301),病人需要藥,二教即作為診治病人之藥方,此其所以不可廢也。但人生病需要藥,不生病的日常生活,則需要「米栗」(《心靈》下,頁 302)。唐先生在此顯然蘊含著人之生命健康為第一義,生病為第二義,亦即人之生命有其原始的正面之價值意義,而罪惡、執障、有限性、偶然性等俱為第二義,所謂「執可是不善,而所執者本身,不必是不善也。」(《心靈》下,頁 159)即是此義。所以就人追求絕對而言,現在我們就要呈現出人(或世界)不再是一消極的存在(只為了到天國或涅槃的過渡),而是有其必然的存在價值。

　　但若有其必然性之價值──絕對價值,則何以上述二教均從人之負面出發,轉而肯定一上帝或在纏的佛性呢?所以這個說明亦必須能夠解釋二教的出發點方可。此說明所呈顯的便是儒家之義理,其心靈境界即「盡性立命境」。它展示另一追求絕對的方式,基督教是先主客對立,在這主客對立之上再立一超越的上帝;佛教是直接破除主觀我執、客觀法執,而使潛隱之在纏佛性呈現,現在儒家是由「通貫物我內外之隔,以和融主觀客觀之對立,而達於超主觀客觀之境。」(《心靈》下,頁 156),亦即在主客的感通中,見一無相對的絕對之流行,使「人德成天德之流行」(《心靈》下,頁 155)故此境又叫「天德流行境」。(同上)

　　為什麼基督教佛教會從人的偶然性、有限性、無明、無常入手呢?這主要的原因是它們將人生命的歷程由一瞬間和另一瞬間比較而得,而盡性立命境卻是將這各點融通起來。唐先生說:

此生命之所以爲生命，則不只是一有或一無，而至少是一由無而有、由有而無之歷程，或由隱而顯、由靜而動，更由顯而隱、由動而靜之歷程，……佛家所謂諸行無常；西方中古宗教思想所謂一切現實存在，皆偶然存在可不存在，亦初尚是自此諸行或現實存在，皆原非常有處說。……此皆不自此生之所以爲生之不常有其所有，而能無之，又不常無其所有，而能有之之處，看此生之自身。（《心靈》下，頁 161）

生命或心靈的活動爲一歷程，這歷程即是由有而無、由無而有的歷程，但此時之無只是知覺上的無，我們不可以肯定它必沒有（此時可爲存有論的存在），否則它又如何能由無而再有以爲一歷程呢？（況且由無再有，即無中生有，豈非矛盾）所以唐先生較常用「顯隱」，不過只要我們知道此時之「有無」是就知覺上的有無而言，非就存有論地言之，故用之亦無妨。佛教基督教正是不從這有無無有的整體歷程而觀，而只自其中一點，而言其存在乃無常，乃皆偶然而可不存在，故必由此無常生滅，以超生滅，或由偶然存在而求一超偶然存在之必然存在。但就此整體的歷程言，由有而無，由無而有，則可得知「此當下當前吾人之生命存在，與世界中存在之物之生之歷程之本身，即涵具一『無定執而自超越』之原理，或『道』，存乎其中，以爲此生之所以爲生之本性之善所在。」（《心靈》下，頁 161）唐先生在此認爲「無定執而自超越」即是生命之根本善。其可超其與境物感通所得之相，而不執著其所執之相，即其善之表現，故又說「超越爲善」（《心靈》下，頁 172），超越何以爲善？因惡者必執著一事物，執著之乃有貪嗔癡愛欲，而無明，以至爲不善，所以惡必因執著而未能超越某事物，故唐先生以爲超越爲善。

以生命的整體之歷程言，有超越性，這是我們在第二章已說明了，而超越或不執著即善，故生命之本性爲善，但此仍易有問題，因爲就歷程而言，乃是生命中之事，然生命之始與終仍可說是無明，如依佛家所說，人不知其生之有前生或後世，正是其生命的無明，或如信上帝者說，人不知道（或忘）其所以生之根源在於上帝心中之人之模型，即在於人之無知，此無知即其罪，而且若人之生於世間，自始即與其無明無知相俱，則生命存在之本性爲善，仍不能肯定，但即使如此，仍「不能必說其只爲一負面之無明或無知，或罪惡」（《心靈》下，頁 173），因爲此不知乃生命之「忘」、「超越」其根源，「其不知之，乃其忘之，其忘之，乃其超越之，超越爲善，故忘爲善」（《心靈》

下，頁 172），唐先生以爲這種以忘或不知爲善之說，只有在中國先哲之思想中才有，莊子深發其義，西方印度之思想，無以不知爲善，皆以無知無明爲不善。而人只有忘，乃能更有所知，否則「所知者皆不忘，則昨日之事，皆充滿於今日之心，將更不能有所知」（《心靈》下，頁 173），而有忘，才能更有回憶，此事暫忘，但「暫忘亦是忘，亦是一對舊有者之超越」（同上），所以就此不知（或忘）其生之根源，即對此根源之超越，即是一善，這乃是表現其生命「先天的空寂性、純潔性」。（《心靈》下，頁 174）

　　就死而言，在此我們不以純理智或純知識的態度觀之僅爲一事實，我們現在就是要看它是否有價值。在道德實踐境已說明心靈乃不死的（或說死而仍存），但心靈不死，「此現象世界中之有死，其自身畢竟爲一實有之事。其所以有，必須有一說明。」（《心靈》下，頁 168）以佛教或基督教言，世界有死，正因爲生命有其無明、罪惡，故此世間乃必須超度，所以死只是一消極的價值，但死是否有其正面的價值呢？唐先生以爲有，他借用孔子的話來說明：「大哉死乎，君子息焉，小人休焉。」（《心靈》下，頁 169）〔註26〕這個思路認爲死不可只以人之有罪惡、無明說之，亦有生命存在的善性之表現。其視人之命終爲休息、爲當然。因爲有德者若必求不死，以常居其位，那麼便使後之德者，更無位以繼守此世間之業，如此便爲不仁，故「人之有仁心而安於死，以待後世之賢勇之人之有位而守業，此人之自覺之仁性之表現也。」（《心靈》下，頁 170）換言之，「死即所以生此繼起者之生機也」（同上）所以由死可見君子息其德之表現，以待後人繼其功，小人自休其小德或不德之表現，故死亦爲其生命存在善性之表現。

　　經過以上的說明，我們現在可以說「一切人與其他生命存在之生，在根本上，是一創造的歷程，亦是一善之流行」（《心靈》下，頁 173），但這並不是說世界上沒有執障、罪惡、無明、有限性等，唐先生以爲這些都是必須承認的，「此一切自然生命之存在中，有其執障，乃不能否認者」（《心靈》下，頁 174），所以生命存在有善有惡，但這並不是善惡混，我們要注意上引言中的「根本上」三個字，唐先生的主要用意就是要分清本末主從，他說：

> 儒家所言之性善，乃第一義之本性；佛家所言之有我執之性，乃第
> 二義之本性。此中之本末主從既辨，則佛家之言人當破除我執之論，

<hr>

〔註26〕此句話唐先生以爲是孔子的話，應是子貢所言，參王忠林註：《荀子讀本》（臺北：三民書局，民國74年），〈大略篇〉，頁388。其意義唐先生有引申。

> 如種種觀空、觀緣生之論，即皆可對爲對治此第二義之性之用，而
> 其價值亦至高明至精微，爲吾人所當承認。然儒家於此，不重就人
> 之執障已成處、求破之之道，而要在順此人之第一義之性，而率之
> 盡之，以求至於其極，使執障不得生，而自然超化。（《心靈》下，
> 頁 179）

在這段話中，有兩點可加以說明，一是如何能說，佛家之我執之性爲第二義；一是儒釋二家教化之方向不同。

　　就第一點言，在前面我們已說明生命存在有其根本善性，現在我們只要說明生命存在之我執、法執、無常、偶然存在等爲附屬於此生命存在而具偶然性（否則佛家亦不能說人人皆可成佛），則便可說明我執等爲第二義。唐先生以爲此無常性、偶然性、虛幻性等，皆非生命存在自身之無常、偶然、虛幻，而是「由吾人之概念觀念，非能常得其運用之所，而見得之此概念觀念自身之得其運用之所，乃偶然而無常之事」（《心靈》下，頁 165）亦即唐先生在此乃著手說明既然生命存在非無常偶然，則人如何會有無常偶然之印象呢？這就是人執持一概念去判斷時，判斷錯誤而得，故無常等乃以觀念爲根據而見得，所以人若不執著一概念，則亦不會有判斷錯誤之無常感覺。〔註27〕例如生老病死，若不執持一生以看老，則亦不會有無常之感。所以無常亦具無常性。故現在的問題是人是否必然執持一概念呢？亦不然，「此人之所用概念以判斷之事之中，亦有思想活動之超越性，與思想活動中之善之表現。因人之用概念以判斷之事，乃人之自選擇概念，或更迭的運用概念，以成一對事物之適合之判斷之事。」（《心靈》下，頁 175）亦即人在判斷之時，並不必然執著某一觀念。而可自動的選擇、或運用觀念，以加以判斷，故可超越舊有之概念，就此而言概念判斷並不必然有其執著性。〔註28〕換言之，我執等乃可視之爲第二義。就對治第二義之本性，佛家之義理正有其擅場之處。

　　由此我們可知，基本上，佛家是以人在生病中，而拔苦觀空破執，這乃是「逆反之教」（《心靈》下，頁 179），相對來說，儒家認爲人雖不免生病，但生命基本上還是健康的，人只要由此人之第一義的性善，而率之盡之，便可使執障不生，百病不侵，此即「順成之教」（同上），順著這種順成之教所

〔註27〕唐先生指出此說法在大乘佛教已有，參《心靈》下，頁 165 與第三十章〈理事一如與理行於事之大事因緣〉。

〔註28〕正因如此，才有成教的「哲學的哲學」，參本文第二章第五節。

呈現生命之根本善性，以求充量實現之，亦可「去除其外由對此生之所偶有者之生活上之執著貪欲等罪惡，⋯⋯以免於此生之所以生中足導致其死亡之病痛矣。」「此即順儒家思想之正途，以更涵具佛家與其他宗教所重之去罪惡虛妄死亡痛苦之義。」（《心靈》下，頁 161）換言之，我們現在已可初步肯定生命有其基本的價值，雖然在這盡之之過程，有執著貪欲罪惡等病痛，但這正需要佛教基督教等宗教諸「藥」來對治之，所以由儒家出發，以生命之根本善性為第一義之本性，而更涵攝重視罪惡苦痛之對治的各大宗教，而使世界為一善之流行，價值實現之所，這就是唐先生所謂的分辨「本末主從」。

現在我們回到原來的問題上，世界已不是如歸向一神境或我法二空境所言之只具消極的價值，而是有其正面的價值，但就絕對境言，雖然有正面的價值，此價值是絕對的，還是相對的？是必然的抑或偶然的？底下我們便要處理這個問題。

依唐先生，他認為人或世界有其必然而絕對的價值，他的論述步驟先由人著手，再擴及萬有。

首先要肯定「自命即天命」。〔註29〕這個論斷可以接著歸向一神境來說，在該境我們已說明「神創造世界」有許許多多不合理的結果產生，導致理性上的矛盾，唐先生以為這正所以見出其「出發點」之錯誤，這個出發點便是「上帝為唯一之能造者、能動者，萬物即皆為一受造物，而為一被動者。」（《心靈》下，頁 223）亦即真正的主體只有上帝，除上帝之外之萬物（包含人）皆只是一被造的對象，而無主體性，但這樣的思路經由我法二空境，更證明有許多的問題。現在儒家便要展示出另一種天命觀（上帝觀），但我們在我法二空境不是已說上帝觀不能說明人間的苦難，而用歸謬法否定宇宙有一上帝嗎？事實上，我們只可以說否定了有一人格神的上帝觀，由此人格神以創造自然萬物，卻未否定有另一義的天命觀，〔註30〕這種天命觀不同於「一神教唯以此神為超越之存在」（《心靈》下，頁 352），亦可包涵「佛教又多以其佛心佛性，為一內在潛隱之存在」（同上）之意義，故乃「最為圓融」。（同上）

〔註29〕 「自命即天命」是宇宙論地說，若在本體論上，即「人心即天心」，關於人心即天心之說法，唐先生言之頗多，較詳細者可參《自我》第三章第二節〈心之本體之體會〉。

〔註30〕 一般詞語上，上帝的人格神意味強烈，故本節多以傳統儒家之「天」代之，但這天亦非自然天，而是一形上的絕對實在。

儒家的天命觀否定人只是一被造的對象，它承認人亦是一主體，亦有其精神，有其心靈，但這心靈和天之心靈不是對立，乃是同一，人有其命令其自己生之作用，但這並不是說其無一超越的形上根原，唐先生說：

> 此生命存在之自身或本性，只是一靈覺的生，或生的靈覺。……對
> 此生的靈覺，人固亦可說其有一超越的形上根原。因若其無此一超
> 越的形上根原，此生的靈覺之生長發展與流行，即不能繼續自超越
> 其自己，以成其生長發展與流行。……對此根原，可以天、上帝、
> 如來藏心、或法界性起心之名說之。(《心靈》下，頁190)

唐先生以為，雖然就現實生命之於世間，可有種種之內容，如可說父母所遺傳，或可說由前生業報、賴耶識之功能種子現行、或上帝心中之模型……等，但此皆非生命存在的本性，生命存在的性即「靈覺的生」或「生的靈覺」(此二詞同義)，所謂生的靈覺，即已現實化的心靈。而心靈活動有其歷程性，故可說為「生長發展與流行」。此心靈能夠超越其自己(超越已往的活動)而有生長發展，必有使之成為可能的超越的形上根原，因為若沒此形上根原，則不能肯定歷程活動中下一活動之存在，故有歷程的活動，必有此形上根原，對這形上之根原，古今中外各有不同之名稱之，如天、上帝、如來藏等。換言之，生命存在之本身本便已存在「天」中，但這種存在只能說「隱有」，生命之生即由此「隱有」現實化為「顯有」。

心靈本性有其歷程的超越性，故亦可超越忘卻此形上根原，而顯其「先天的空寂性、純潔性」，由這超越忘卻或由隱便顯，我們可說乃是此生的靈覺之「破空而出」、「破此世間之『無此生命』」(《心靈》下，頁191)，亦即破空以顯一有而自成其有。就生命之根原而言，我們可說它來自天，可是就生命之破空而出，卻不能說是在其根原已有，而只能說其自身所有，因為在天之中已有「隱有」，隱有成為顯有若亦是天，則不合生的靈覺之超越此形上根原，亦會成為上帝之創造萬物的矛盾。所以破空而出只能說是生命之自成其有。換言之，一現實生命之存在根原有二：一為天，此即一隱有，否則此現實生命只能說由無而有，而「無固不能為有之根原」(同上)否則便有「無中生有」之不合邏輯理性事發生。一是現實生命自身，自身有「破空而出」之現實化之可能。〔註31〕

〔註31〕這種可能非一般邏輯的可能、經驗的可能或技術上的可能，乃是「形上學之
　　　　意義之可能」，於此若不肯定自身有現實化之可能，而必須於其外另加一現實

　　由以上，人之生命存在和其超越的形上根原之天的關係，即「相依相即，而相隔相離」（《心靈》下，頁 194），因其根原在天，故相依相即，但其從隱有至顯有又是其自身之緣故，故又相隔相離，所以天人之關係，不可只合說，亦不可只分說，唐先生以爲欲說其關係，遂有「命」觀念的產生，他說：

> 此命自天而說爲天命，自人而說爲性命。……此生之欲有所嚮往，欲有所實現，即此生的靈覺或靈覺的生之性。……而欲有所嚮往，有所實現，即是一自命自令，故性即是命。……自命自令，即自依性而知自謂當如何如何，故此自命自令，即性之命。自此性之根原於天言，人之有此性，可稱爲天性，其依此性而能自命，此自命亦即天命。（《心靈》下，頁 194）

以命的觀念來看，自天言，因爲此生命存在之根原在天，故可說爲天所命令而出；但自人之生命之自具現實化原則，它乃是依其本性而欲有實現，故依本性而自命自令其現實化其當如何如何，可說爲自命或性命。可是人之本性乃根原於天，〔註 32〕人依其本性而自命自令，即依天命而當如何如何，故可說自命即天命。而且，在另一方面，人若謂此天爲何？亦不能離其性而知之，因天只是性之形上根原，欲知天亦只能由人依其性而有之自命自令爲何而知之。由人之自我命令、自我支配而行其所視爲當然，即知其性之根原之天矣。

　　以上的意思其實便是「人德的成就，便是天德的流行」，也就是人依其本性所實行的，恰恰就是天這一絕對的精神實在所要表現的。故人之依理性所行之事，則不僅只是其個人行爲上（人道論）的價值，而亦有其絕對上（天道論）的價值。

　　由上之天命本義我們還可引出天命之引伸義，這是因爲人的行爲必在一境之中，當人心與外境相感通而依理性以有所相應的行爲時，此境必爲特殊

化原則，則必須先預現實化原則所在者先現實存在，如此則將犯無窮後退之過，參《心靈》下，頁 136～141，該處亦可解決一問題，即若自身皆有現實化之可能，則何以其會在此時才現實化，而不在遠古即現實化呢？此可用功能序運境之理論予以解決。即「一實有之可能之是否成爲現實化之可能，唯是一有無阻礙其現實化之可能。」（《心靈》下，頁 137）

〔註 32〕人之本性乃根源於天，除了上述由心靈的歷程活動來肯定外，唐先生在《自我》一書還有另一種說明，即由我之有不容已的要求「眞實的、善的、完滿的世界」來證明。這要求必有一形上根原，否則不會在現實世界之上，對現實世界不滿，而不容已的要求眞、善、完滿的世界，參《自我》，頁 101～103。

的、限定的。唐先生以爲這是心靈的「必然之命運」、「當然之命運」（《心靈》下，頁 199），雖然就其爲限定的、特殊的言，「一切特定境，皆可使人陷溺其中，以形成種種生命之執障」（同上），然而若無此一限制之境，則心靈便無法「表現、成就」（《心靈》下，頁 199）。因爲心靈雖具無限性，但「就它本身說它是積極的無限，而在另一方面就它表現說，它只是不斷的克服破除限，只具消極的無限」（《自我》，頁 120），換言之，人之德行之表現乃必然的在一特定的時空環境中，人之生命便與這特定環境相感通，並藉由這特定的環境表現、成就出其自我命令之當然的行爲，並超越此環境的限制，就心靈與環境感通而有其相應的行爲，此環境可說有一意義的天命，而對心靈言，人之身體亦是其境之一，故唐先生說：「自此外境與氣質體質之命於我之義所當爲者看，可只見其皆是天命。」（《心靈》下，頁 201）

所以現在我們可以知道天命有二義，經由此二義，天命和自命乃互相涵攝。第一種意義的天命即對此現實的心靈（靈覺的生，生的靈覺）言，「若見此天命自外境而來，自氣質體質而出」（同上），於此心靈可感有一「活的上帝，活的天」在向其「呼召」、「交談」，而心靈亦只能奉承天命而知命、俟命、安命，自居於神道，亦即此時天命在先，自命在後，唐先生稱之爲「後天而奉天時」（《心靈》下，頁 202）。第二種意義的天命即人依其有性（即道德理性）而自命自令以見內在於性命之天命，心靈即自立命、正命而居乾道，此時自命在先，天命在後，唐先生稱之爲「先天而天弗違」（同上），這樣的生命即是在一「盡性立命境」矣。〔註33〕

以上言人，唐先生乃順之而言物，若物亦能爲一盡性立命事，則世界便可爲一天德流行境。唐先生由人之感通於境來說明。在第二章第二節我們已說物有性相，由物之性相之相續呈現，即可見其自命，唐先生說：

> 彼人物之相續呈其現相，如相續自命其現相之生起，而見有一自生
> 起其現相之性。（《心靈》下，頁218）

換言之，就物之有性相言，性即其呈相之可能性，其相之相續呈現，便是其性之相續生起或現實化，故此可視爲其依其性而自命以呈相。

在此，由物依性而自命以見天命（因爲性之根原是天），但亦有上文所謂之第一種意義之天命，此即功能序運境所言之物，依其自有之形上功能而次

〔註33〕此段論述參《心靈》下，頁 2012，引號俱爲原文。又此處之先後乃理論意義之先後，非時間意義之先後。

序變化運行時，必有其他之助緣以爲其開導因，此其他助緣即其地一種意義之天命也。故我們可說世界爲客觀的盡性立命境。〔註34〕

由以上，可知天命自命乃互相涵攝，自命來於天命，但天命之表現，卻必見於人物之自命，天需要世界，世界亦需要天，但這世界並非只是對象，而是亦有其主體性，而非如一神教僅爲一被造的對象。於此，自命即天命，是宇宙論地創生說，若就本體論地說，就是「人心即天心」。

然而何必有此世界？何必有此我呢？或者說天命何以必須現實化爲人之自命呢？天心何以必須表現爲人心呢？唐先生在此提出一原則來說明此天命與自命之互相預設的關係（互相預設乃就知識論地說）。即「整個宇宙中一切當然者皆必然實現」原則（《心靈》下，頁299），我們可以簡稱「必然實現原則」，因爲必然實現，所以此自命以天命爲根原，天命以自命爲完成。世界需要上帝以做爲其來原，上帝亦需要世界以圓成其自己。換言之，無世界，則上帝不能成其爲上帝（因爲祂要實現）；而無上帝，則世界無其必然價值亦不可以理性來理解之（此處之上帝即天也，非一神教之人格神上帝）。所以整個理論的關鍵即在於此「必然實現原則」，但我們如何確定此命題呢？

在此我們要知道，此必然實現的，必是指人之道德理性，而非罪惡、苦痛，因爲理性才是人之第一義本性，否則唐先生不會說：「一切當然者皆必然實現」或「理想之有一必然趨向實現之動力」（《心靈》下，頁493）。唐先生在此巧妙地利用了「自命即天命」、「人心即天心」的關係，來證明這個原則，因爲人心即天心，所以如果證明人心有「理想必然實現原則」，則天心亦必有「必然實現原則」，故他說：「此一天人合一之形而上之動力、實體，或命令之爲實有，人可由其道德生活之反省而自證知。」（同上），而人心乃必然「有好善惡惡之情」（《心靈》下，頁494）之不容已地要求應然實現，乃是我們在道德實踐境已證明了，故「整個宇宙一切當然者皆必然實現」可確立。

由此人在其日常生活上，只要能自覺地依其道德理性而與境感通以盡性立命，則其存在必爲一眞實存在而無不存在之可能，而有其絕對的價值。

〔註34〕但其中人物是有別的，即自覺與不自覺的不同，參《心靈》下，頁243～245。

第六章　結　論

回顧上文，可以有幾點結論：

第一、本文從《生命存在與心靈境界》的起點是生命存在抑或心靈境界著手討論，反駁了前人以爲此書是以生命存在爲先在而發展的，而認爲是由心境感通而成心靈境界開始。之所以如此的理由是本文以爲與其將唐君毅先生視爲存在主義者（以生命存在爲先在），不如將之視爲道德的理想主義者（人要實踐根源於道德理性的理想）。雖然唐先生曾說《人生之體驗》與《道德自我之建立》乃屬於類似存在主義之「存在的思索」（《自我》，頁 3），但是他還是要問他如何知道他的存在的？他是「由『我感』以肯定『我在』、『心在』，由『我不忍』、『我要求』，以肯定『我在』、『心在』。」（《自我》，頁 31）由「我感」故「我在」，即由心靈的感通爲其基點以肯定生命的存在。由心境的感通而有所不忍，有所要求實現其根於道德理性之理想，唐先生說：「吾所尊尚之哲學，乃順人既有其理想而求實現，望其實現，而更求貫通理想界與現實界之道德學兼形上學之理想主義之哲學。」（《心靈》下，頁 509）故本文視之爲道德的理想主義者。

第二、由萬物散殊境到盡性立命境，其中有種種心靈境界，鄭家棟先生曾評之曰：「相應于種種不同的心靈活動遂有種種不同的境界，而這種種不同的境界乃是同一生命整體的表現。……由心靈活動的不同表現說明了人類所具有的各類知識的性質、依據。」〔註1〕由於心靈的不同活動，乃有種種生命之不同領域，例如萬物散殊境、依類成化境、觀照凌虛境、……盡性立命境等九境，而且正因爲由主體的心靈活動所構成，故皆有其眞實性，皆有成立

〔註 1〕 參氏著《現代新儒學概論》（南寧：廣西人民出版社，民國 79 年），頁 338。

之可能，所以各境皆可以爲人文活動中的某些領域奠下其如何可能的基礎，此即鄭先生所說的「說明了人類所具有的各類知識的性質、依據」，例如萬物散殊境乃說明了個體主義之可能，而審美活動、數學、邏輯等皆建立於觀照凌虛境，宗敎之成立於人向絕對、無限的尋求之絕對境等。換言之，唐先生爲了確立人之如何成爲眞實無限的存在，附帶地解決了人文活動各領域之成立可能，依此我們可以說：《生命存在與心靈境界》乃是人文世界的一塊基石，即爲人文世界奠基。而這正是唐先生以爲可爲中國哲學之正流者，他說：「堪爲中國哲學之正流者，應爲使『人文之各方面兼容而俱存，而皆統率於吾人之本心，爲此本心之德性之表現』之哲學。」(《補編》下，頁 244)

　　第三、不過各境皆眞實，並不代表就是相對主義，而無一標準。因爲各境雖然皆眞實，但亦有其限制。這其中的關鍵即在「層級」，各境的層級不同，唐先生說：「此九境者以類而言，則各爲一類，自成一類；以序而言，則居前者爲先；以層位而言，則居後者爲高。」(《心靈》上，頁 52) 換言之，九境乃愈後層級愈高。高層級和低層級之間的區別在於「低層位之心皆不知有高一層位之心。而高一層位之心，則必知有低層位之心。」(《心靈》上，頁 13) 即高層級能知低層級之限制，但低層級卻未能知高層位且未能自知其限制 (因爲每一有限皆可無限化，而有「追求無限的誤置」)，所以唐先生要以其哲學爲一「道路」、「橋樑」來引導低層級之心靈境界向上發展到高層級之心靈境界以自知其限制。

　　只有到更高層的心靈境界才能知道此層的不足，這是因爲就每一層本身而言，都可以同等地訴諸於自己爲心境感通而存在的這個事實，來斷言自己的眞實性，即「境就其相應之心而言，無所謂假或妄」，[註 2] 也就是說，高層位和低層位之心靈境界有其同質性與異質性。正因爲是同質的，都是心與境的感通，所以才可能由低向高發展，否則低層位將無法了解高層位，主體的昇進亦不可能。然而它們又非完全同質，否則又何來高低之分。它們的不同就表現在「高層位者，對其低層位，皆有此在內涵意義上之一包涵關係」(《心靈》上，頁 16)，以心靈言，即在高層位者能知低層位者，反之卻不然。

　　第四、作爲「成敎」、「道路」、「橋樑」的哲學，唐先生的哲學是一個「呈現的哲學」。他的哲學方法主要便是在道德實踐境所說的：呈現人的經驗事

〔註 2〕參劉國強：〈唐君毅先生之實在觀〉，《鵝湖月刊》一三七期 (民國 75 年 11 月)。

實。但此經驗不只是經驗主義的感官經驗，而是廣義的經驗，即人的心靈活動所成的經驗，以此描述人類心靈之活動。這種方法是一個包含認知，而又超越認知的方法，他爲何要用這種方法，而不從近代對認知能力的批判著手呢？因爲，首先，批判免不了有些判準（沒有判準便不能批判），則此判準如何證成其自己，而且低層位者亦可自肯定存在，而不接受這些判準。其次，任何的感知都是心境的感通，心境俱起俱息，認知亦然，認知活動無法離開認知內容，既然無法離開，故亦無法純對認知能力認知它的界限，而且若不承認這種方法，而要求先對認知能力批判，則批判認知能力是用心靈的什麼能力呢？用認知嗎？用認知來批判認知能力，則這後來的認知是否又有限制，又要如何批判呢？所以唯有呈現另一比認知高的心靈能力，才能知道認知的限制。而且在另一方面，低層位之心靈境界皆可自肯定其存在，則如何使其知其限制？唯有先承認它本身的存在（這是高層位心靈所可肯定的），再引導它使它自己向上昇進發展。引導它的方法，便是呈現出它所不自覺的經驗事實。所以這其中的關鍵在於自覺與不自覺的分別。因爲心靈的本質就是自覺，故心靈的活動，就是人自覺的過程。所以唐先生要在人視世界爲各個萬物所合成的萬物散殊境中，先肯定其可成立，並進而自覺地呈現出人所不自覺的種類世界；在客觀境界後，呈現出人所不自覺的主觀境界，而引導人自覺地感知並昇進到此主觀境界等等。

　　第五、正因爲唐先生哲學的特色是一歷程的、呈現的哲學，所以本文之方法亦以呈現或陳述的角度爲之。這裡的呈現或陳述意謂一種闡釋，所謂闡釋便是「爲唐先生辯證之學進一解」，〔註3〕所謂的進一解即在一般人錯誤地視唐先生之學爲「糊塗」、「混亂」下，〔註4〕呈現其合理性。相應於唐先生的呈現哲學言，這毋寧是較恰當的態度。

　　第六、由心境的感通著手，認爲人的生命存在即由心靈境界構成，世界

〔註3〕　見曾昭旭：〈唐君毅先生與當代新儒學〉，《鵝湖月刊》一九四期（民國80年8月），頁22。所謂辯證之學即歷程的、昇進的學問，可參《心靈》上，頁56。
〔註4〕　此種誤解以《當代新儒家與中國現代化》座談會爲典範，《中國論壇》一六九期（民國71年10月10日）。引號中之文字爲劉述先與林毓生語，對於該專題與林毓生之談話之評論可參周群振：〈讀中國論壇「新儒家與現代化」專號之我見〉，《鵝湖月刊》九十三期（民國72年3月）；楊祖漢：〈關於林毓生氏對唐君毅先生的評論〉，《鵝湖月刊》九十三期（民國72年3月）；劉國強：〈誰是一廂情願的了解——對林毓生教授批評唐君毅先生的哲學之確定看法〉，《鵝湖月刊》一〇四期（民國73年2月）。

亦是人之生命存在之活動所成就。而由常識所認為的萬物散殊境，逐漸發展到正視心境感通的盡性立命境，唐先生稱之「九轉而丹成」（《心靈》上，頁52），因為經由這個歷程，人已可「如實知」，知識他如何能真實存在。這就是「當下生活之理性化」（《心靈》下，頁 277），即在當下心境感通，而依順道德理性（人之本心本性）之自命所行，此自命即天命，如此便可成就人之真實存在與其絕對價值。於此，依哲學的目標在成教言，便是使人如實知後，而其自身便當行「哲學思辨之引退」（《心靈》下，頁 279），而起人之真實行。所以人便可在當下有一實踐的起點而成為真實的存在。

但是，最高層心靈境界如第九境天德流行境會不會不知它本身的限制呢？（它的限制就是它也要承認其他八境的真實性，不能認為只有自己才真實）不會，因為此時存在已全部理性化，存在與價值合一，應然與實然合一，人之存在亦有其真實與絕對之價值。但這樣，是否第九層盡性立命境會停止發展？就「哲學思辨的引退」言，是停止的，但這只是思議面，思議有已時，實踐卻無已時，這就是「如實知而起真實行」的意義。〔註5〕

〔註 5〕唐先生在《心靈》一書中，提及西人名字常未附原名，本文為順其文字脈絡，故一律未附，但為清楚之故，將本文提及之西人原名附錄於下，又黑格爾，唐先生有時亦用黑格耳，為統一見，全用前者。牛頓（I. Newton）、休謨（D. Hume）、沙特（J-P. Sartre）、貝加葉夫（N. Berdyaev）、亞里士多德（Aristoles）、來布尼茲（G. W. Leibniz）、多瑪斯（Thomas Aquinas）、哈特雄（C. Hartshorne）、柏拉得來（F. H. Bradley）、柏拉圖（Plato）、席林（F. W. L. Schelling）、康德（I. Kant）、斯賓諾薩（B. deSinoza）、菲希特（J. G. Fichte）、黑格爾（G. W. F. Hegel）、鄧士各塔（J. Duns）、愛因斯坦（A. Einstein）、鮑桑奎（B. Bosanquet）、懷特海（A. N. Whitehead）、羅以斯（J. Royce）、羅素（B. Russell）。

參考書目

一、唐君毅全集（依全集校訂版次序，年次以民國爲準）

1. 唐君毅：《人生之體驗》，臺北：臺灣學生書局，民國74年1月全集校訂版。

2. 唐君毅：《道德自我之建立》，臺北：臺灣學生書局，民國74年9月全集校訂版。

3. 唐君毅：《心物與人生》，臺北：臺灣學生書局，民國73年2月全集校訂版。

4. 唐君毅：《人間至情》，臺北：正中書局，民國78年3月初版十九印。

5. 唐君毅：《青年與學問》，臺北：三民書局，民國76年3月四版。

6. 唐君毅：《人生之體驗續編》，臺北：臺灣學生書局，民國73年7月全集校訂版。

7. 唐君毅：《病裡乾坤》，臺北：鵝湖出版社，民國73年5月再版。

8. 唐君毅：《人生隨筆》，臺北：臺灣學生書局，民國78年1月初版。

9. 唐君毅：《中國文化之精神價值》，臺北：正中書局，民國73年11月初版五印。

10. 唐君毅：《說中華民族之花果飄零》，臺北：三民書局，民國78年2月六版。

11. 唐君毅：《人文精神之重建》，臺北：臺灣學生書局，民國73年2月六版。

12. 唐君毅：《中國人文精神之發展》，臺北：臺灣學生書局，民國77年8月全集校訂版。

13. 唐君毅：《中華人文與當今世界》上下冊，臺北：臺灣學生書局，民國77年11月初版。

14. 唐君毅：《中華人文與當今世界補編》上下冊，臺北：臺灣學生書局，民

國 77 年 5 月初版。

15. 唐君毅:《中西哲學思想之比較論文集》,臺北:臺灣學生書局,民國 77 年 7 月全集校訂版。

16. 唐君毅:《中國哲學原論導論篇》,臺北:臺灣學生書局,民國 75 年 9 月全集校訂版。

17. 唐君毅:《中國哲學原論原性篇》,臺北:臺灣學生書局,民國 73 年 2 月全集校訂版。

18. 唐君毅:《中國哲學原論原道篇》(卷一～三),臺北:臺灣學生書局,民國 75 年 10 月全集校訂版。

19. 唐君毅:《中國哲學原論原教篇》,臺北:臺灣學生書局,民國 75 年 2 月全集校訂版。

20. 唐君毅:《哲學論集》,臺北:臺灣學生書局,民國 79 年 2 月全集校訂版。

21. 唐君毅:《文化意識與道德理性》,臺北:臺灣學生書局,民國 75 年 4 月全集校訂版。

22. 唐君毅:《哲學概論》上下冊,臺北:臺灣學生書局,民國 74 年 10 月全集校訂版。

23. 唐君毅:《生命存在與心靈境界》上下冊,臺北:臺灣學生書局,民國 77 年 5 月全集校訂版。

24. 唐君毅:《致廷光書》,臺北:臺灣學生書局,民國 73 年 8 月再版。

25. 唐君毅:《日記》上下冊,臺北:臺灣學生書局,民國 77 年 7 月再版。

26. 唐端正:《年譜》,臺北:臺灣學生書局,民國 79 年 7 月全集校訂版。

27. 唐至中編:《紀念集》,臺北:臺灣學生書局,民國 80 年 2 月全集校訂版。

二、他人著作（依姓氏筆劃次序）

1. 牟宗三:《五十自述》,臺北:鵝湖出版社,民國 78 年 1 月初版。

2. 牟宗三:《中國哲學十九講》,臺北:臺灣學生書局,民國 72 年 10 月初版。

3. 牟宗三:《生命的學問》,臺北:三民書局,民國 78 年 5 月五版。

4. 牟宗三:《認識心之批判》上冊,臺北:臺灣學生書局,民國 79 年 6 月修訂版。

5. 牟宗三、徐訏等著:《唐君毅懷念集》,臺北:牧童出版社,民國 67 年 9 月初版。

6. 朱建民編譯:《現代形上學的祭酒——懷德海》,臺北:允晨文化公司,民國 77 年 4 月初版。

7. 李日章譯、Peter Singer 著:《黑格爾》,臺北:聯經出版公司,民國 72

年 2 月初版。

8. 李杜：《唐君毅先生的哲學》，臺北：臺灣學生書局，民國 78 年 10 月初版三印。

9. 何秀煌：《記號學導論》，臺北：水牛圖書公司，民國 77 年 9 月版。

10. 杜維明：《儒家自我意識的反思》，臺北：聯經出版公司，民國 79 年 10 月初版。

11. 呂澂：《中國佛學源流略講》，臺北：里仁書局，民國 74 年 1 月版。

12. 林安梧：《現代儒學論衡》，臺北：業強出版社，民國 76 年 5 月初版。

13. 林毓生：《思想與人物》，臺北：聯經出版公司，民國 74 年 7 月初版三印。

14. 徐文瑞譯、Charles Taylor 著：《黑格爾與現代社會》，臺北：聯經出版公司，民國 79 年 3 月初版。

15. 高宣揚：《哲學人類學》，臺北：遠流出版公司，民國 79 年 8 月初版。

16. 唐端正：《剛健的人生》，臺北：聯經出版公司，民國 75 年 3 月初版三印。

17. 曹敏、易陶天譯、W. T. Stace 著：《黑格爾哲學》，臺北：黎明文化公司，民國 76 年 5 月四版。

18. 陳義孝：《佛學常見詞彙》，臺北：大乘精舍印經會，民國 76 年 5 月版。

19. 傅樂詩等著：《保守主義》，臺北：時報文化公司，民國 74 年 11 月初版四印。

20. 勞思光：《書簡與雜記》，臺北：時報文化公司，民國 76 年 12 月初版。

21. 勞思光：《哲學與歷史》，臺北：時報文化公司，民國 75 年 10 月初版。

22. 曾昭旭：《性情與文化》，臺北：時報文化公司，民國 74 年 4 月七版。

23. 曾昭旭：《王船山哲學》，臺北：遠景出版公司，民國 72 年 2 月初版。

24. 傅偉勳：《西洋哲學史》，臺北：三民書局，民國 77 年 8 月十版。

25. 馮愛群編：《唐君毅先生紀念集》，臺北：臺灣學生書局，民國 68 年 5 月初版。

26. 賀麟：《當代中國哲學》，無出版社及年月。

27. 楊士毅：《懷海德哲學》，臺北：東大圖書公司，民國 76 年 5 月初版。

28. 熊十力：《十力語要》，臺北：明文書局，民國 78 年 8 月版。

29. 蔡仁厚：《新儒家的精神方向》，臺北：臺灣學生書局，民國 73 年 9 月再版。

30. 劉述先：《中西哲學論文集》，臺北：臺灣學生書局，民國 76 年 7 月初版。

31. 鄭家棟：《現代新儒學概論》，南寧：廣西人民出版社，民國 79 年 4 月初版。

32. 霍韜晦：《絕對與圓融》，臺北：東大圖書公司，民國 75 年 4 月初版。

33. 關子尹譯、Richard Kroner 著：《論康德與黑格爾》，臺北：聯經出版公司，民國 76 年 5 月初版二印。

34. 龔鵬程：《近代思想史散論》，臺北：東大圖書公司，民國 80 年 11 月初版。

35. 龔鵬程：《文學與美學》，臺北：業強出版社，民國 75 年 4 月初版。

三、期刊論文

1. 沈清松：〈哲學在臺灣之發展（1949～1985）〉，《中國論壇》二四一期（民國 74 年 10 月 10 日）。

2. 林安梧：〈邁向儒家型意義治療學之建立——以唐君毅「人生之體驗續編」爲核心的展開〉，《鵝湖月刊》一七二期（民國 78 年 10 月）。

3. 林遠澤：〈黑格爾的社會存有論〉，中央大學哲研所碩士論文，民國 80 年 5 月。

4. 郭齊勇：〈試論五四與後五四時期的文化保守主義思想〉，《中國文化月刊》一二一期（民國 78 年 11 月）。

5. 郭齊勇：〈唐君毅與熊十力〉，《鵝湖月刊》一六四期（民國 78 年 2 月）。

6. 郭齊勇：〈儒學現代化過程的整體反思〉，《鵝湖月刊》一八六期（民國 79 年 12 月）。

7. 曾昭旭：〈唐君毅先生與當代新儒學〉，《鵝湖月刊》一九四期（民國 80 年 8 月）。

8. 曾昭旭：〈從生命升沈的辯證歷程論儒道佛耶四教異同〉，臺北新儒學國際會議論文，民國 79 年 12 月。

9. 楊祖漢：〈關於林毓生氏對唐君毅先生的評論〉，《鵝湖月刊》九十三期（民國 72 年 3 月）。

10. 楊祖漢：〈論陽明的「心外無物」及唐先生所說的「生命之眞實存在」之意義〉，《鵝湖月刊》一六四期（民國 78 年 2 月）。

11. 劉國強：〈誰是一廂情願的了解——對林毓生教授批評唐君毅先生的哲學之確定看法〉，《鵝湖月刊》一〇四期（民國 73 年 2 月）。

12. 劉國強：〈唐君毅先生之實在觀〉，《鵝湖月刊》一三七期（民國 75 年 11 月）。

13. 劉湘王：〈唐君毅思想形成的研究（1909～1951）〉，師範大學史研所碩士論文，民國 76 年 6 月。

14. 鄺錦倫：〈黑格爾與辯證法〉，《鵝湖學誌》第三期（民國 78 年 9 月）。

附錄一：論唐君毅哲學的合法性起點與發展性

一、前　言

　　已故傅偉勳先生曾言：中國哲學未來的前途，端視如何反省或發展牟宗三先生之學。〔註1〕事實上，在新儒家中，牟先生旁一直有個潛流在發展著，而且其發展性之寬廣度可能更大——那就是唐君毅先生之學。例如蕭振邦先生建構唐先生之美學，〔註2〕龔鵬程先生立基於唐先生《人文精神之重建》等書中禮樂社會的闡述，發展《飲食男女生活美學》，〔註3〕曾昭旭先生發展其《人生之體驗》系列著作之努力，〔註4〕而在當代新儒家中唯一的「愛情哲學」也是唐先生發其端，此可見張燦輝、吳有能先生之相關著作論文，〔註5〕而唐先生的宗教、文化哲學等方面，更多了……。〔註6〕

　　但在另一方面，唐先生的哲學又有被當作負面的陪襯之現象。此可見一

〔註1〕參傅著《從西方哲學到禪佛教》（臺北：東大圖書公司，1986年6月初版），頁225。

〔註2〕蕭先生已有數篇文章撰述此題，主要可參蕭振邦〈唐君毅先生的美學觀——建構美學試探〉，見李明輝編《當代新儒家人物論》（臺北：文津出版社，1994年2月初版），頁229～260。

〔註3〕龔鵬程《飲食男女生活美學》（臺北：立緒出版社，1998年9月初版）。

〔註4〕曾先生此類作品很多，可參〈論唐君毅先生的心性實踐及予我之感發〉，《鵝湖》272期1998年2月。

〔註5〕參張燦輝〈唐君毅之情愛哲學〉，見江日新編《牟宗三哲學與唐君毅哲學論》（臺北：文津出版社，1997年12月初版）。吳有能〈唐君毅先生愛情哲學初探〉新加坡「儒學與世界文明國際學術會議」1997年6月。

〔註6〕參鄭志明先生之有關唐先生的宗教哲學諸作，或陳振崑先生之《唐君毅先生的儒教理論研究》輔大哲研八十七年博士論文。其文化哲學，大部分學者所見皆在此。

般新儒家中生代學者之論述步驟，首先會論述唐先生之說法，然後說其不足，再補以牟先生之說法，繼而稱曰：完整的是牟宗三先生之說法，此可見蔡仁厚先生、李明輝先生之諸作。〔註7〕

　　由此二方面，在未來中國哲學的潛流方面，可以綜合地來反省唐先生之學，並觀看其可能之發展性如何。以下將依二步驟論述之：

　　第一，檢討「辯證的綜合是否要預設超越的分解」，以此來論述唐君毅哲學本身的合法性。並由此來說明哲學的分析有兩型：「分解型」與「綜合型」而這兩型的哲學方法完全不同。

　　第二，站在第一步的基礎上，說明唐君毅先生的哲學系統提綱，並由此論述其在現代社會的發展性。

二、辯證的綜合不必要預設超越的分解

　　「辯證的綜合要預設超越的分解」是牟宗三先生之一個重要的哲學命題，牟先生在很多地方都談到此點，至少有下列資料：

　　（一）〈超越的分解與辯證的綜合〉演講稿〔註8〕

　　（二）〈論黑格爾的辯證法〉〔註9〕

　　（三）〈黑格爾與王船山〉〔註10〕

　　（四）〈辯證法〉〔註11〕

　　在這些資料當中，（三）（四）較無觸及「辯證的綜合」與「超越的分解」之關係，第（二）部分有觸及，但只是「宣稱」，無証成，較有關連的就只有第（一）部分之資料，以下將以此部分為基礎來考察其合理性。

　　在〈超越的分解與辯證的綜合〉一文中，牟先生的論述步驟如下：〔註12〕

〔註7〕　蔡先生《宋明理學》（臺北：臺灣學生書局，1995年8月初版七刷）北宋篇開始之論述步驟。或李先生〈儒家思想中的內在性與超越性〉一文之論述步驟。收於《當代儒學之自我轉化》（臺北：文津出版社，1991年9月初版）。此二先生乃新儒學中學人，故更不必論及新儒學之外了。

〔註8〕　《鵝湖》220期，1993年10月，頁1～4。

〔註9〕　牟宗三著《生命的學問》（臺北：三民書局，1989年5月五版）。

〔註10〕牟宗三著《生命的學問》（臺北：三民書局，1989年5月五版）。

〔註11〕牟宗三《理則學》（臺北：正中書局，1968年9月臺九版）。牟先生在其他地方也有述及，但都是指涉式的說明，如華嚴是超越的分解，天台是詭譎的綜合，但皆無觸及其間預設關係，故不論之，如《現象與物自身》（臺北：臺灣學生書局，1990年3月初版四刷），第七章，第十節。

〔註12〕有引號者為牟先生原文，無引號者為筆者詮釋之話語。

1. 定義：辯證非康德式意義，乃黑格爾式的辯證綜合，超越的分解是康德式之超越分解。

2. 「黑格爾式之辯證綜合，必須預設康德的超越分解，有如康德在其三大批判中，每一批判的內容都分為『分解部』和『辯證部』一樣。」

3. 「依中國傳統，一說『辯證』就預設有『工夫』和『本體』的分別。」……「必工夫、本體兩面同時講求，作工夫以呈現本體，到最後工夫本體固可以合一，但在實踐歷程中，工夫與本體的分別一定要先承認的。」

4. 「唯有在工夫中，才能引起黑格爾所說的『理性的詭譎』、『辯證的綜合』。存在本身無所謂詭譎亦無所謂辯證，黑格爾最大錯誤是在這裡有所混漫。」

5. 把辯證用在存在上，「辯證的過程即是存在的過程，這就成了最壞、最危險的思想，足以擾亂天下，……世界無不在鬥爭之紛擾中，……毛澤東是大魔，其魔之源，即來自黑格爾。」

6. 「黑格爾把存在也拉到辯證歷程中……不是把辯證當工夫歷程看，則不能有『辯證最後也要來個辯證』這句話，即辯證過程之最後來個自我否定而把辯證消除。……則其正反合必須永遠拖下去，永遠在矛盾中。」

從以上的引述中，我們可以知道牟先生証成這句話的方式有二方面。一是從理論上看，「辯證的綜合須預設超越的分解」之理由，和康德三大批判皆分為「分解部」和「辯證部」之理由一樣。一是從後果看，若無「超越的分解」將辯證規定在工夫層，則會天下大亂，而且最後無法把自己也辯證掉。

在這兩個理由中，先不必論第二個理由。不必論的理由是因為要思想為某個現實結果負責，常有附會之嫌，其間的必然性關係並不清楚，例如以亞洲四小龍一大龍的經濟起飛，有人歸功儒家思想，而大陸之遲遲未能現代化（含經濟），也有人歸咎儒家思想，而牟先生在〈黑格爾與王船山〉一文中，又指出希特勒的極權獨裁和黑格爾不相干，而是和尼采的觀念有關，這就令人撲朔迷離，何以同為極權獨裁，一要黑格爾負責，一又不用！依法蘭西斯·福山（Francis Fuknyama）的分析，其文化思想的重要並不如人想像的大（只約占百分之二十），還有其他更多更大因素影響更大。〔註13〕又如指責康德倫理學必須為某人偷東

〔註13〕福山《誠信》（臺北：立緒出版社，1998年3月初版）。

西負責的道理一樣。依康德「定言令式」的道德律言，有人偷東西正可用其理論如此辯解：「任何人在我如此窮、這麼苦的環境裡，必然會偷東西，所以我才去偷東西。」故就第二個理由言，黑格爾要為天下大亂負責可先不論。但在第二個理由的另一部分，即若不放在工夫層次，是不是便不能說「辯證最後也要來個辯證」？其實正因為放在存在，最後才能把「自我否定」（即辯證）辯證掉。例如在《精神現象學》中，才可知「哲學」是精神發展的頂點，不再發展了，何以能不再發展，因為精神已完整呈現其自己了。甚至一直被牟先生所指責的馬克思之唯物辯證法，也有終止之時，其社會的發展，從原始共產、奴隸、封建、資本主資社會而到最後的共產主義社會，也有停止之時，以馬克思言，為何會停止呢？因為階級消除了，故不再辯證發展，那以後呢？即享受太平盛世之時代也！換言之，以黑格爾言，即使放在存在言辯證，也不必然會有牟先生的指責。且在另一方面，辯證放在工夫，即使當下圓頓，也有正反合永遠拖下去的現象。如最後之「無修而修，修而無修」工夫，這化掉了修相之修，仍然是修，以儒家言，「仁者不憂」與「君子有終身之憂」恰在此處矛盾的結合起來。換言之，牟先生之第二個理由實無說服力。

　　以下檢討第一個理由。在此理由中，牟先生把「辯證的綜合須預設超越的分解」的理由放在康德三大批判中，皆分「分解部」與「辯證部」的理由上，但由於此文是演講稿，無詳細論証康德何以如此分之理由，因此我們有義務將此理由自行找出。但其實在這裏，找不找出康德的理由，都與命題無關，因為牟先生自己已經指出：「康德所說的『辯證』是古典意義的辯證，從希臘開始直至康德本身都同用此義。到黑格爾哲學的出現，『辯證』一詞才另有獨特的新義而大不同於古典通用之義。」〔註14〕因此即使知道從「分解部」到康德式『辯證部』之理由，也不一定可推至「黑格爾式之辯證綜合，必須預設康德式的超越分解」。至少也必須將其可推性說明，但牟先生此處並無一言述及，而這是他的重要關鍵處。故以下將更端別起，將焦點放在，以黑格爾言，「辯證的綜合須預設超越的分解」嗎？

　　楊儒賓先生曾為文表示牟先生的思考模式為「黑格爾—起信論式的」，李明輝先生回應楊文：

　　　　說牟先生底思考模式是「起信論式的」，這大體沒問題，……但說這
　　　　種思考模式是「黑格爾式的」，則不甚諦當；與其說它是「黑格爾式

―――――――――――

〔註14〕《鵝湖》220 期，1993 年 10 月，頁 1。

的」，還不如說是「康德式的」。因爲辯證法雖到黑格爾手中始得到
充分發展，但決非其專利品。……但更重要的是：牟先生借用一心
開二門的間架，是爲了說明康德底「現象」與「物自身」之區分，
而黑格爾卻是要化掉這項區分。〔註15〕

李先生在此指出黑格爾正是要化掉「現象」與「物自身」這由超越分解而來
的區分。但關鍵在黑格爾爲何要化掉這層區分？以下以黑格爾《精神現象學》
中之〈導論〉部分來做說明。

黑格爾在〈導論〉中，首先爲他的哲學方法辯護。但他是從近代整個知
識論（或認識論）開始反省起。近代知識論的主要問題，就是先行批判人的
認知能力有何限度？對於宇宙的本體的了解是否在人的知識範圍內？……等
問題。以康德言，康德哲學的基本問題亦是如此，勞思光先生曾簡言之曰：「本
體知識是否可能？」是康德的基源問題，〔註16〕對於這個看法，牟先生在勞
思光著《康德知識論要義》序言中明言：

> 所謂「對本體的知識是否可能」，不是直問直答，乃是對內在於知識
> 與外在於知識兩方面都有積極的正視的全部工作……。內在於知
> 識，就是要把知識的形成，以及基本性與範圍，都要系統地確定地
> 解剖出來。這部艱難冗長的工作就是《純理批判》中「超越分析」
> 一部所作的，外在於知識，就是要把本體界中的觀念明其何以不是
> 知識的現象，以及其如何才可能，……這部艱難冗長的工作就是《純
> 理批判》中「超越的辯證」一部所作的，而且需要牽連到《實踐理
> 性批判》〔註17〕

康德的這樣作法黑格爾是很反對的。康德以爲在從事實際認知之前，先要對
認知能力（或由之而來的知識本性）進行批判，以免發生錯誤的可能。黑格
爾認爲這種想法一開始就錯了，在這種批判態度之前，有許多未經批判的假
設，尤其是「假定著：絕對站在一邊而認識站在另一邊，認識是自爲的與絕

〔註15〕 見李明輝〈當前儒家之實踐問題〉一文，頁20，收於李明輝《儒學與現代意
　　　　識》（臺北：文津出版社，1991年9月初版）。筆者引此文乃因向謝師大寧先
　　　　生請教此問題時，謝師曾告曰：「黑格爾本身哲學指明不需超越分解，但他的
　　　　思想背後是否有一超越分解？李明輝先生在回應楊儒賓之評牟先生之文，似
　　　　有論及。」筆者疏略，並無在此文發現此點，誌之以俟來日。
〔註16〕 勞思光《康德知識論要義》（鉅鹿出版社，無出版年月及地名），頁8。
〔註17〕 勞思光《康德知識論要義》（鉅鹿出版社，無出版年月及地名），頁2。

對不相關連的，卻倒是一種真實的東西。」，[註18] 基於這種將真理與認知二分的預設，哲學家將認知視爲獲取絕對者的「工具」或「手段」。[註19] 對於這些看法，黑格爾以爲批判認知之上總有一些預設的判準（沒判準則無法批判），但這些用來檢查的判準又如何証成他自己的呢？只能訴諸本身的自明或另一判準，但如此則陷入「循環論証」或「無窮後退」的兩難。而且認知若只是工具或手段，則將無可避免的重塑或改變了事物，因此我們的認知便不是事物原本的樣子（此在現代物理學中之量子力學更易知曉，如「測不準原理」）。而也許有人會說這沒關係，只要了解其扭曲變形的程度，然後把它造成的差異滅去即可。例如看一半插在水中的筷子是歪的，只要將光的折射性質搞懂，即可還原。黑格爾回答到：「認知與看不同，在認知這事例中，該滅去的是什麼呢？……該滅去的不是水對光線所造成的差異，而是光線本身了……（如此）我們就一無所知了。」[註20]

由以上黑格爾對近代知識論（或康德哲學）的反省，[註21] 我們至少可以有兩點了解：第一，哲學必須是無預設的，哲學家在從事研究之前，不應有先行預設的理論（如認知爲工具……）；第二，認知的活動不能單獨的抽離認知的內容之外，認知一定是認知了某些事物。黑格爾最後終於找到「對正在呈現爲現象之知識的描述」是一個恰當的入手處，而黑格爾正是以此來展開《精神現象學》中的理路的。黑格爾在《小邏輯》中有一更鮮明的游泳比喻：「要想執行考察知識的工作，卻僅能在認知的活動歷程裏才可實施。考察所謂知識的工具與認識知識的工具，乃係一回事。但求知識於吾人得到知識之前，其可笑實無異於某學究之聰明辦法：在沒有學會游泳以後，切勿冒險下水。」[註22] 要想學會游泳，便得躍入水中，要得到關於實在的知識，便得躍入意識之流。[註23] 因此我們便可了解到何以在《精神現象學》中，從

[註18] 賀麟譯《精神現象學》（臺北：里仁書局，1984年7月），頁61。

[註19] 賀麟譯《精神現象學》（臺北：里仁書局，1984年7月），頁59。

[註20] 賀麟譯《精神現象學》（臺北：里仁書局，1984年7月），頁60。引文見 Peter Singer 著、李日章譯《黑格爾》（臺北：聯經出版公司，1985年10月，初版二印），頁59。

[註21] 黑格爾在此處，並沒有指明所批評者爲康德，筆者將康德加入是用 Peter Singer 的看法，見見 Peter Singer 著、李日章譯《黑格爾》（臺北：聯經出版公司，1985年10月，初版二印），頁60。

[註22] 賀麟譯《小邏輯》（新竹：仰哲出版社，1981年4月版）。

[註23] 本文主要說明黑格爾爲何從現象知識著手，至於如何從「這一個」現象知識

當下「這一個」的「感官確定性」開始辯證起，而在《邏輯學》中則從一沒有內容的「有」辯證起。

故以黑格爾言，黑格爾式的辯證綜合不必預設著「超越的分解」的，他根本就不要任何的預設。

從這裏，我們可以區分哲學分析的兩型。這兩型基本上以牟宗三先生所言之「抽象的解悟與具體的解悟」之不同而區分。重抽象的解悟的，走的是分解的路子，牟先生曰：「他（黑格爾）和柏拉圖、亞里士多德、聖多馬、康德、來布尼茲、羅素等人，為不同類型。這些人都很清楚、清明，都是走的分解的路子，不管是什麼分解。」〔註24〕重分解路數的哲學家，說明哲學的方法是論証，如牟先生本人亦是此型。另一類型重具體的解悟，走的是綜合的路子，例如黑格爾、劉蕺山、王船山、懷德海，其說明哲學的方法不是論証，而是解釋、描述，唐君毅先生正是此型。此型哲學家重在描述現象知識（但不等於常識），再由現象知識層層昇進以達絕對真理，所以每個哲學家都重「歷程」，與前一型哲學家之思想之無歷程性截然不同。如黑格爾之《精神現象學》《邏輯學》、懷德海更有一書，即名之曰《歷程與實在》，劉蕺山《人譜》，唐君毅早年《人生之體驗》，晚年《生命存在與心靈境界》皆是如此！

這兩型哲學家之距離頗大，不易互相了解，如牟先生屢說唐先生不重客觀的理解，即是如此。但由上文黑格爾的哲學方法來看，可以知道他有其自己的思考特色，知其運用之立場不同，而不必重此失彼，彼此相輕，要皆有其合理性。〔註25〕

三、唐君毅先生的思想提綱及其發展性

目前海峽兩岸學術界理解唐君毅先生哲學的主要路數，大多依牟宗三先生在唐先生哀悼會上的品評：「文化意識宇宙的巨人」來理解。如臺灣葉海煙之《道德、理性與人文的向度》或大陸黃克劍、周勤之《寂寞中的復興——論當代新儒家》皆是如是，〔註26〕此品題不能說不對，但不足，在唐先生之

到絕對知識之過程則不述及。

〔註24〕牟宗三著《生命的學問》（臺北：三民書局，1989年5月五版），頁174。

〔註25〕此處之論點受羅貴祥《德勒茲》（臺北：東大圖書公司，1997年4月初版），頁9～47，「兩種思維：分拆與縫合」啟發甚大。

〔註26〕葉海煙《道德、理性與人文的向度》（臺北：文津出版社，1996年六月初版）。

學的理解上有另一小派不同之路數，即曾昭旭、林安梧先生發展其《人生之體驗》、《人生之體驗續編》這一面向而展開「儒家型之意義治療學」。〔註27〕

這兩條路數並不是矛盾，但前條路數不能融攝後條，後條路數可以融攝前條，此見前條之不足。這原因基本上是由肯定人生，便易進而論述文化（文化乃人生之表現），但論述文化哲學，卻不一定論及人生之層面，如卡西勒之文化哲學即是如此。正如林安梧先生言：「唐氏可以說是由自家身心之體會而深入到整個文化意識宇宙所遍潤之生命存在，做一點化、理解與詮釋，進而展開其『意義的治療』。」〔註28〕這是一個很眞實的點題。

唐先生的哲學基源問題爲：「人如何眞實存在？」這問題的起源在於唐先生八歲時，父親和其說及「地球末日」之事，從此後，唐先生便屢爲此思考（故唐先生曾多次談到地球末日事件），從這個人生或世界的虛幻感中，他做種種思索，以解除此虛幻感，唐先生後來成爲一儒者，或人文主義者，皆是由此而產生的。

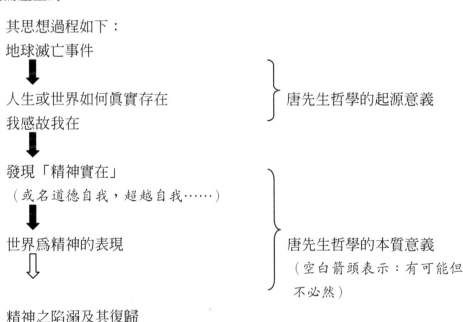

其思想過程如下：

地球滅亡事件

人生或世界如何眞實存在　　　　　　　　唐先生哲學的起源意義
我感故我在

發現「精神實在」
　（或名道德自我，超越自我……）

世界爲精神的表現　　　　　　　　　　　唐先生哲學的本質意義
　　　　　　　　　　　　　　　　　　　（空白箭頭表示：有可能但不必然）

精神之陷溺及其復歸

黃克劍、周勤《寂寞中的復興——論當代新儒家》（南昌：江西人民出版社，1993 年 4 月初版）。

〔註27〕曾先生諸文見《性情與文化》（臺北：時報出版社，1985 年 4 月七版）等書，林安梧先生之意可參《當代新儒家史論》（臺北：明文書局，1996 年 1 月初版）。

〔註28〕林安梧《當代新儒家史論》（臺北：明文書局，1996 年 1 月初版），頁 8。

　　凡唐先生所論的一切莫不由此以發展之。其中精神實在之名有多種：道德自我、道德理性、超越自我、宇宙靈魂、世界主宰、生命本體、原始之太一，……。唐先生最常用的是「道德自我」、「道德理性」，因為其中有「道德」字眼，世人不細察，所以常有「泛道德主義」之評（如林毓生、劉述先）。此名詞實以「超越自我」較妥，可免以上之誤評，又可表示其性質：「超越現實的自我，而支配自我」，〔註29〕這樣的自我不只是生物學的、心理學的「我」，還包含情意我、德性我，關鍵處在還含有一「超越個人自我之上的大我」，其義甚豐，故用「超越（的）自我」較宜，它的本質正如第二節所言重視歷程的昇進而又作用的保存（揚棄）前面的階段。

　　底下將以唐先生之書論述其此型哲學之發展性及其在學界的發展概況：

　　（一）《愛情之福音》：如果以佛洛伊德做為人性情欲覺醒的時代之表徵，則與情欲不離之愛情未來必將是哲學主題之一，現今之弗洛姆、謝勒等人皆已有所論述。在當代新儒家中，能發展愛情哲學者，大概只有唐先生之學了。如牟宗三先生以「道德自律／他律」為判準，而將道德自律視為儒學正宗時，「愛」就在這裏消失了。必得由重「感通」、「我感故我在」的唐先生之學方能開出這一學脈。（牟先生重「我意故我在」）〔註30〕張燦輝、吳有能等先生皆於此有所論述，其繼承之大家者，當推曾昭旭先生的一系列著作，如《永遠的浪漫愛》。

　　（二）《人生之體驗續編》：如果作為一個儒者的本質之一是「立己」、「成君子、成聖賢」而不只是以儒家學說為中心展開一套論述的話，那麼一個現代新儒家便脫離不了其工夫及由此而來的工夫論，如此在當代新儒家中，能正視此並有其論述者，唯唐君毅先生了，對比於翟志成、劉述先兩先生有關熊十力先生之缺乏道德修養的論爭，更顯出唐先生此學之可貴。這是儒家工夫論之現代表述，曾昭旭先生一一強調此點，而林安梧先生於此闡述「儒家型意義治療學」的建立。筆者以為於此更可開展一套儒家型心理治療之方式「札記治療」，而且於此更可貢獻心理學之發展，因為心理學之心理治療只可治療別人，無法治療自己（因自己的潛意識，自己無法了知），但由唐先生之例証，恰可展開一「自我治療」之方式。〔註31〕

〔註29〕唐著《道德自我之建立》（臺北：臺灣學生書局，1985 年 9 月全集校訂版），頁 21。

〔註30〕牟宗三《現象與物自身》（臺北：臺灣學生書局，1990 年 3 月），頁 22。

〔註31〕筆者擬撰〈儒家意義治療學之實踐方法……札記治療……　以呂坤《呻吟語》與唐君毅《人生之體驗》系列為例〉，撰稿中。

　　（三）《人文精神之重建》、《中國人文精神之發展》、《中華人文與當今世界》（含補篇）及《文化意識與道德理性》之「文化四書」：這一系列所論述之內容頗多，茲又分點如下：

1. 文化哲學：此易爲一般學者所見，茲不論。

2. 美學面向：如本文前言所提。

3. 社會哲學：當代新儒家中，欲發展社會哲學之路可能資源有二：一是徐復觀先生；二是唐君毅先生。在這「文化四書」中，唐先生暢論禮樂社會或禮樂文明之理論或方法，恰可爲晚近西方流行之「社會哲學」做一對比。

4. 宗教哲學：與其他諸家相較，此又顯其特殊性。尤其唐先生頗致力於建立「清弭各宗教間之衝突以達一和諧境地」的理論基礎。於此鄭志明先生及輔大哲研博士班八十七年陳振崑論文皆有述及。

　　（四）《中國哲學原論》六大冊：這是唐先生學問中，最少被提及者，依筆者意，此中可發展之面向頗多，如中國哲學語言問題……等，但在此強調一點，以顯唐先生之特殊性，即因現代學術之發展，研究宋明理學者莫不重「本體論」（含理氣論及心性論），而罕言及工夫論。而唐先生言宋明理學是唯一由「工夫論」之不同而言諸家之異的！此和牟宗三、勞思光等先生由本體論著手頗有差異。〔註32〕

四、結　論

　　現代日本哲學界的祭酒西谷啓治先生曾言：「唐先生的學養和洞識是當今絕無僅有的文化現象。」〔註33〕由以上的陳述，可知這確爲諦當之評。在目前哲學界的「後牟宗三」口號鑼鼓喧天之時，似乎也已到了「唐君毅」時機的來臨（先不必言「後唐君毅」時代），而其發展面向亦深且廣，〔註34〕頗值得吾人注意。

發表於《研究與動態》第二輯

（彰化：大葉大學共同教學中心，2000.1），頁16～24（ISSN：16836014）

〔註32〕 筆者亦有意從此觀點來解決宋明理學的詮釋與分系問題，正構思中。

〔註33〕 見杜維明著《儒家自我意識的反思》（臺北：聯經出版公司，1990年10月初版），頁118。

〔註34〕 已有學者如此預言，見曾昭旭《在說與不說之間——中國義理學之思維與實踐》（臺北‧漢光文化公司，1992年2月15日初版）第六章。

附錄二：蕺山學作爲儒學宗教性修持次第的展開[*]

一、前 言

　　近數十年來，「儒家與宗教的關係」又引起兩岸一陣的討論熱（相對於清末民初，康有爲、陳煥章等人欲成立「孔教」，而引起章太炎、蔡元培、胡適等人之批評的討論熱）。

　　首先，在大陸方面，引起了「儒教問題論爭事件」，事件的起因是當時中國社科院世界宗教研究所所長任繼愈先生，在 1978 年「無神論學會」的成立大會上，公開提出「儒家是宗教──儒教」的說法，繼之爲文申述，不旋踵，引起了牟鍾鑒、張踐、賴永海、李申等人呼應其說，也引起了周黎民、皮慶侯、崔大華、李錦全等人的質疑與反對，到如今其間的討論還方興未艾，之中的爭論過程經任繼愈先生編成《儒教問題爭論集》，〔註1〕李申後來乾脆寫成厚厚的兩大卷《中國儒教史》（上、下）來證明此點，他從神靈系統、祭祀制度、教義教理等來說明「確實有儒教存在，有史爲證」，〔註2〕到如今，這「儒教問題論爭事件」還在發展中。

---

*本文曾發表於《世界宗教學刊》13 期，2009.6，頁 51～116。（雙隱名審查）
〔註1〕 任繼愈主編：《儒教問題爭論集》（北京：宗教文化出版社，2000）。
〔註2〕 李申：《中國儒教史》（上、下）（上海：上海人民出版社，上卷爲 1999，下卷爲 2000）。李申在後記中說：「上下 150 萬字的篇幅不能算小，……和它擔負的任務相比，這樣的篇幅還是太短太短。……現在，我可以更加堅定地說：只有承認儒教是教，才能正確理解中國的傳統文化，……這部書是一部史，其目的主要是擺出事實。」（下卷，頁 1095～1096）。

　　相對於大陸言，臺灣「儒學與宗教的關係」問題之發展，不是在「儒家是否為宗教」的問題上，而是重在「儒學具有宗教性」的基礎上，與其他宗教上的對話，如中央研究院文哲所劉述先先生積極倡導儒學與其他宗教「對話時代的來臨」，〔註3〕影響所及，南華大學亦曾以「儒學與基督宗教」為主題的學術研討會，〔註4〕不過除此之外，和大陸有關「儒學與宗教關係」的探討上想比，臺灣有一點較為特殊，及上段中李申是從過去史去證明儒教的存在，臺灣學者中，李世偉、王志宇等人更致力於現代臺灣民間社會中，所存在的「儒教」之田野調查與研究，以之為「儒教」存活的見證。李世偉將儒教區分成三種型態：士林儒教、官方儒教、民間儒教。

　　「士林儒教」意指根據儒學經典所建構價值系統的學術文化社群，從傳統接受儒家熏習的知識菁英到近代的新儒家，大抵皆屬之。士林儒教所建構的知識理論，也構成儒教文化的主體內容。「官方儒教」是當政者將儒教加以政治化與制度化，其重心集中在以禮來調節君臣父子、尊卑貴賤的政治關係，因而帶有高度的工具化色彩。國民政府在二十年代所推行的「新生活運動」，以及在六十年代所發起的「中華文化復興運動」均可視為近代官方儒教的典範。「民間儒教」則是地方的仕紳文人以儒家思想文化，對庶民大眾進行教化的模式，除了透過教育（如書房、書院），其發展面貌經常是以宗教的型態出現，但其宗教面貌也攙雜一些佛、道的思想與儀式。〔註5〕

〔註3〕參劉述先：〈對話時代的來臨〉，《全球倫理與宗教對話》（臺北：立緒出版社，2001），〈序〉，頁3～7。在新儒家第三代中，杜維明先生亦風塵僕僕往來各大洲，創造對話機會，近來他亦有一書出版：《論儒家的宗教性》（武漢：武漢大學出版社，1999），儒學的宗教性一直是他注意的焦點，不過他在美國任教，故姑置之。

〔註4〕會議論文集見鄭志明主編：《儒學與基督宗教對談》（嘉義：南華大學宗教中心，2000）。

〔註5〕見李世偉：〈「儒教」課題之探討及其宗教史之意義——以臺灣儒教為重點〉，收入《第二屆臺灣儒學國際學術研討會論文集》（臺南：成功大學中文系，1999），頁5。關於儒學或儒教的區分頗多，其說明力都沒有李先生之區分強，所以在此為了節省篇幅，就不比較他們區分的優劣了，如李杜先生之「與宗教信仰相結合的宗教性儒教／與君主政治相結合的文教性儒教」（見氏著：《二十世紀的中國哲學》（臺北：藍燈文化公司，1995），頁211）、或傅偉勳之「廣義的儒教／狹義的儒教」（見氏著：〈現代儒學發展課題試論〉（收入氏著：《佛學思想的現代探索》（臺北：東大圖書公司，1995），頁25～26）。本文以下之論述，有關於儒學或儒教，就以李先生之區分為範圍。於此，可見本文並不嚴格區分儒教、

本來儒學之奠基者孔子本是一個集上古文化之大成者，儒學為了眾生的需要，發展出許多的形式，亦是可以接受的，尤其是儒家本原有「神道設教」的說法或傳統，李世偉的這個「士林儒教、官方儒教、民間儒教」的區分，有很大的便利性與涵蓋性，而李世偉與王志宇之研究可貴在他們挖掘出尚有存在活力的「民間儒教」，不同於一般人以為的「儒門淡薄」印象。〔註6〕

　　以上說明了「儒學與宗教的關係」之複雜性，不過本文不想涉入其中的爭論，本文擬從他們所具有的共識上，繼續往前走。所謂的「共識」就是「儒學具有宗教性」上，因為即使是反對任繼愈先生的諸先生，也大都同意此點。〔註7〕什麼叫「宗教性」？我們可以依傅偉勳先生的「宗教的本質」之說明來看「宗教性」：1. 終極關懷，2. 終極真實，3. 終極目標，4. 終極承諾。他以大乘佛教來依次說明這四點：一切皆苦及其解消解脫、真如佛法、涅槃解脫、誓化眾生。〔註8〕相應於此，我們也可列出儒學之四點：人之所以為人的挺立（價值的挺立）、道體（終極真實，最高存有）、大同世界、仁者與天地萬物為一體之先天下之憂而憂的不容已。換言之，就儒學的宗教性而言，的確可以提供一個安身立命（有所宗、有所教）的功能性存在。在這宗教性中，本文將重點置於「終極真實」中的「道體」的「體證」上，尤其是在道德實踐中，成聖的次第如何？

儒學、儒家諸名詞之異同，即指謂相同，隨著意涵不同而分別使用之。

〔註6〕 李世偉的其他著作可見李世偉、王見川：《臺灣的宗教與文化》（臺北：博揚文化公司，1999）一書中的第二篇「儒教篇」（頁153～305），王志宇：《臺灣的恩主公信仰——儒宗神教與飛鸞勸化》（臺北：文津出版社，1997），另外鄭志明先生也有一些研究，但他把李世偉先生所區分之「士林儒教與民間儒教」劃分的很清楚，視後者為民間信仰，所以積極溝通兩者，其相關論著頗多，可參《臺灣民間宗教論集》（臺北：臺灣學生書局，1984）、《中國善書與宗教》（臺北：臺灣學生書局，1988）、《中國社會與宗教》（臺北：臺灣學生書局，1986）、《儒學的現世性與宗教性》（嘉義：南華管理學院，1998）。

〔註7〕 其中只有盧鍾鋒先生例外，不同意儒學有宗教性，不過這是因為他對宗教的特殊看法，他說：「宗教作為一種精神文化現象，其本質特徵是在於它的彼岸性，在於它的"出世"思想。」（見任繼愈主編：《儒教問題爭論集》（北京：宗教文化出版社，2000），頁382）既然他斷定宗教一定出世的，所以當然不同意儒學具有宗教性了。這也說明了他對新興宗教之入世性缺乏瞭解。參前註之鄭志明書。本文匿名審查者意見：「作者談儒家是否有宗教性的問題，吾人認為是假問題，（非指作者不能論之），以吾人的觀點認為，這涉及到對宗教定義的狹義與廣義而言。」本文同意審查者意見，檢討上面儒學與宗教的關係時，就可以很明顯的看出這個特色，假問題而喋喋不休，正說明其間差異的顯著性。

〔註8〕 見傅偉勳：《生命的學問》（臺北：生智文化公司，1998），頁26～33。

在一般的宗教修持中，都有所謂的「修持次第」，如佛教禪定中的「四禪八定」、「九次第定」；或是密宗之由事部、行部、瑜珈部乃至無上瑜珈部的修持；或在無上瑜珈部中的生起次第與圓滿次第中初灌、二灌、三灌、四灌；或在禪宗三關之初關、重關、牢關。又如在道教中，練命的「練己築基、練精化氣、練氣化神、練神還虛」；練性的「九層練心」：練未純之心、入定之心、未復之心，退藏之心、築基之心、了性之心、已明之性、已伏之心而使之神通、已靈之心而使之歸空。〔註9〕這種修持次第對修行者而言，無疑是很重要的，因為它提供了一把「梯子」，可以使人明瞭從凡至仙或佛的歷程，具體明確，不會茫茫不知所歸而盲修瞎練。

但在儒學中，便似乎較為缺乏，即使有也較為模糊。如孔子教弟子常是當機的指點語（因對象或環境的不同），他回答弟子問仁的答案都不同，在他的心目中，回答「問題者」永遠比回答「問題」來得重要，〔註10〕且孔子並沒有像釋迦在《華嚴經》中，展開由凡夫到菩薩、佛的五十三階位的次第修行，〔註11〕把由凡人、君子、聖人之次第展開，思與學對他來說，雖然並重，〔註12〕但在實踐上，學有優先性的。〔註13〕雖然他曾說一較有修持次第的話：「吾十有五而志於學，三十而立，四十而不惑，五十而知天命，六十而耳順，七十而從心所欲不踰矩」，〔註14〕這還是他的經驗的描述語，不是他整個反省一個人如何成聖成賢的歷程，並藉以指導學生的教法，且「語焉

〔註 9〕 以上之名詞均常見，且本文只是為了引出儒學修行次第上之缺乏，故省略出處之徵引。

〔註10〕 劉蕺山曰：「凡問仁皆是問仁的人，不問仁的理。」〔見劉宗周：《孔孟合璧》，收入戴璉璋、吳光主編：《劉宗周全集》（臺北：中央研究院文哲所，1996）第二冊，頁 184〕。本文關於劉蕺山的文獻版本以戴璉璋、吳光主編：《劉宗周全集》五冊六本（臺北：中央研究院中國文哲研究所籌備處，1997）為主，文中以《全集》稱之，獨立引文（有關此書者）均隨文注明出處，各冊簡稱為《全集》一、《全集》二、《全集》三上、《全集》三下、《全集》四、《全集》五。

〔註11〕 參釋觀慧：〈華嚴經十地品研究〉，《華嚴專宗學院佛學研究所論文集（一）》（臺北：華嚴專宗佛學院，1994），頁 1～142。

〔註12〕 子曰：「學而不思則罔，思而不學則殆。」（《論語・為政》，見朱熹：《四書章句集注》（臺北：大安出版社，1999）），頁 75。

〔註13〕 子曰：「吾嘗終日不食，終夜不語，以思，無益，不如學也。」（《論語・衛靈公》，同註 12 書），頁 224。

〔註14〕 朱熹：《四書章句集注》（臺北：大安出版社，1999）），頁 70～71。

不詳」，〔註15〕「如何解說，恐非易事」，〔註16〕孟子情形亦然，以迄宋明儒之「士林儒教」大皆如此。另一方面，在「民間儒教」，其情形也類似，偶有善書述及，亦甚泛化且流於量化，所謂泛化即混同三教而論，所謂量化即以多寡論之。以王志宇的研究言，前者可以「三界演化圖」爲例，後者可以「收圓圖」爲例。

三界演化圖：〔註17〕

凡人 →	賢人 →	聖人 →	眞聖
凡人	菩薩	佛	眞佛
凡人	眞人	仙	眞仙
後天	中天	先天	先先天

收圓圖：〔註18〕

無靈修 →	靈修初現 →	靈修次境 →	靈修進境 →	靈修上境
空氣（靈氣）	空氣（靈氣）	空氣（靈氣）	空氣（靈氣）	空氣（靈氣）
污染	微清	半清半濁	清多濁少	清靜
人心純陰黑影	人心陰影漸縮	陰陽相濟	陽長於陰	純乎天理純陽光明

（按：陰原文爲因，疑誤）

以上，以收圓圖言之，這樣的說明對實踐者言，是絕對正確的，但用處不大，如其以人心黑影之由純陰而至純陽光明來說明實踐的次第，這是當然的，但不切於實踐之用。

〔註15〕曾昭旭：《論語的人格世界》（臺北：漢光文化公司，1991），頁49，對此章的評論。

〔註16〕見李澤厚：《論語今讀》（香港：天地圖書公司，1998），頁53。李先生的評語很有意義，因爲他是基於身心受用與提升來讀《論語》的，可參他解「在陳絕糧」章（15.2），同書，頁348。

〔註17〕王志宇：《臺灣的恩主公信仰──儒宗神教與飛鸞勸化》（臺北：文津出版社，1997），頁215，原有圖形，省略之。

〔註18〕王志宇：《臺灣的恩主公信仰──儒宗神教與飛鸞勸化》（臺北：文津出版社，1997），頁216～217。民間儒教爲普及化，以使民間人士能瞭解，這方面的資料比較缺乏。

二、劉蕺山的道體修持體證體系

在儒學中，劉蕺山（劉宗周，原名憲章，字起東，號念臺，學者稱蕺山先生，1578～1645）的儒學體系恰可以提供這個次第，但是蕺山的說法常常有個特色：細密的地方，非常細密、非常細膩；圓融的地方，非常圓融、非常玄妙，甚且簡易直截，不弱於陽明，〔註19〕而這兩者又巧妙的結合在一起，導致一般學者，很不容易研究清楚他的思想體系，動輒有「不如理、無實義、穿鑿、無一是處、荒謬」〔註20〕的評語加諸劉蕺山的身上，於此，當如林安梧先生的謹愼，林安梧先生言：「蕺山語言之繁複夾雜，這是極難避免的，因爲他是一個辯證性的思想家，不是一分解性的思想家。蕺山是將心、意、知、物等層次從陽明四句教轉而爲辯證之統合。」〔註21〕底下，本文將從兩方面來展開蕺山的整個宗教性修持次第：「無次第中有次第」、「有次第中無次第」。

三、無次第中有次第——正反兩面雙向展開：《人譜》

兹將《人譜》之結構，表示如下：

《人譜》	〈人譜正篇〉	〈人極圖〉、〈人極圖說〉
	〈人譜續篇二〉	〈證人要旨〉
	〈人譜續篇三〉	〈紀過格〉、〈訟過法〉、〈改過說一〉、〈改過說二〉、〈改過說三〉

蕺山《人譜》這修持次第歷程是雙線進行的，但有主從。所謂的雙線進

〔註19〕 參戴君仁：〈心學家論意〉，《大陸雜誌》第 44 卷第 4 期 1972.4，頁 202。但戴先生在同處馬上接著說「但其（蕺山）偏處，亦同陽明。」則忽略了蕺山的另一細密特色。

〔註20〕 見牟宗三：《從陸象山到劉蕺山》（臺北：臺灣學生書局，1984），頁 458～467。由於牟先生這些評價影響甚大，所以此處所錄稍多，原文此類話語更多。關於牟先生對於蕺山評語之不合理處的辨正，可參廖俊裕：《道德實踐與歷史性——關於蕺山學的討論》（臺北：花木蘭文化出版社，2008.9），第 2.4.2 小節和 3.2.3.1 小節。

〔註21〕 見林安梧：〈論劉蕺山哲學中「善之意向性」——以〈答董標心意十問〉爲核心的疏解與展開〉，《國立編譯館館刊》1990 年 6 月，第十九卷第一期，頁 115。本文匿名審查者意見：「認爲蕺山是辯証的思想家，這可能是受了曾昭旭老師的看法影響，而曾老師這觀點，又從牟先生的圓善思想而來，然吾人認爲蕺山不見得是辯証的，因爲若如此，還是一種超越的分解。蕺山的太極者萬物之總名，正是不要這樣的超越的分解。」確實如此，蕺山確實是不要超越的分解的，曾昭旭先生受唐君毅先生影響，認爲辯證綜合是不必預設超越的分解的。參曾昭旭：《道德與道德實踐》（臺北：漢光文化公司，1985），頁 63～74。

行，就是正面的存養推擴與反面的革除。前者是已證得之本體的存養推擴，後者便是改過、防過。正面是主，反面是從，因爲嚴格說，一道德實踐者，如果眞切掌握天理本體，而予以充實存養推致，則負面的氣質情慾自然消失於無形，所謂「一眞既立，群妄皆消」是也，〔註22〕此是其爲主的緣故。正面的推擴闡述在〈人極圖〉、〈人極圖說〉與〈證人要旨〉。〈人極圖〉、〈人極圖說〉是說由「無善而至善」的天理已呈現的心出發，而一步步呈現爲所見的一切萬事萬物。〈證人要旨〉則開展爲六步，一曰：凜閒居以體獨、二曰：卜動念以知幾、三曰：謹威儀以定命、四曰：敦大倫以凝道、五曰：備百行以考旋、六曰：遷善改過以作聖，此即所謂的「六事功課」；負面的革除則集中在〈人譜續篇三〉，重視種種過的分析與改過。

這雙線進行對蕺山來說，並不是平行地不相干，而是緊依在一起，而形成一種「同體依」的關係。因爲他知道人生路滑，在正面的推擴的背面，必相隨著隨時可能犯下的過錯，所以在〈紀過格〉中之過的種類，全是配合著〈證人要旨〉的次第的。

〈證人要旨〉	〈紀過格〉
一曰：凜閒居以體獨	微過，獨知主之
二曰：卜動念以知幾	隱過，七情主之
三曰：謹威儀以定命	顯過，九容主之
四曰：敦大倫以凝道	大過，五倫主之
五曰：備百行以考旋	叢過，百行主之
六曰：遷善改過以作聖	成過，爲眾惡門，以克念終焉〔註23〕

由上可知，蕺山之實踐次第著實細密，此所以牟宗三先生斷曰：「此一正反兩面所成之實踐歷程爲從來所未有，而蕺山獨發之。……儒家內聖之學成德之教之道德意識至此而完成焉。」〔註24〕誠然也。

三、（一）〈人極圖說〉

現在從《人譜》的正面展開來看，〈人極圖說〉曰：

> 無善而至善，心之體也。繼之者善也。成之者性也。繇是而之焉，達於天下者，道也。放勳曰：「父子有親，君臣有義，夫婦有別，長

〔註22〕《證學雜解·解二》，《全集》二，頁306，66歲。
〔註23〕參《人譜》，《全集》二，頁5～18，57歲。
〔註24〕牟宗三：《從陸象山到劉蕺山》（臺北：臺灣學生書局，1984），頁520。

幼有序，朋友有信。」此五者，五性之所以著也。五性既著，萬化出焉。萬化既行，萬性正矣。萬性，一性也。性，一至善也。至善本無善也。無善之真，分爲二五，散爲萬善。上際爲乾，下蟠爲坤。乾之大始，吾易知也；坤作成物，吾簡能也。其俯仰於乾坤之內者，皆其與吾之知能者也。大哉人乎！無知而無不知，無能而無不能，其惟心之所爲乎！易曰：「天下何思何慮？天下同歸而殊途，一致而百慮。天下何思何慮！」君子存之，善莫積焉；小人去之，過莫加焉。吉凶悔吝，惟所感也。積善積不善，人禽之路也。知其不善，以改於善。始於有善，終於無不善。其道至善，其要無咎。所以盡人之學也。（《人譜》，《全集》二，頁2～5，57歲。）〔註25〕

〈人極圖說〉顧名思義就是挺立人極，這是蕺山相應於周濂溪之〈太極圖說〉而論的，〈太極圖說〉是從宇宙論（太極）而下貫說到人，相反的，〈人極圖說〉則是立人極來含攝太極，所以在〈人極圖說〉中，開宗明義就直標「無善而至善，心之體也」，當天理呈現於當下的心時，此時心是即有限而無限，這心體不是不起用的（此時，所謂的心體之所以爲體，是就其不斷地持有天理性體而呈現價值而言），因爲天理本身就是價值或意義，故必然要體現價值的（不斷地解蔽，如良知之不容已），因而有「繼之者善也，成之者性也」之繼善成性說，由此展開而爲萬事萬物。在這裡的「無善而至善」一句要小心解釋，有學者從「無善無惡」來論述它是個超越善惡的至善本體來說，王瑞昌先生曰：

意是心之體，……既然意是好善惡惡的純粹意志、知善知惡的明覺本體，所以其自身不受善、惡的限定。因而是無善無惡的。……《人譜》是蕺山反覆改訂過的精心之作。此書說：「無善而至善，心之體也。」又說：「萬性一性也，性一至善也，至善本無善也。」於此可見，無善無惡的確是蕺山的真實思想。〔註26〕

〔註25〕 〈人極圖說〉是解說〈人極圖〉的，原文有〈人極圖〉，牟宗三先生曰：「此人極之譜當然十分精練而切實，但畫圖則顯得無趣味。」見牟宗三：《從陸象山到劉蕺山》（臺北：臺灣學生書局，1984），頁519。牟先生此處的「沒趣味」，應是指沒什麼意義，它的意義僅在於因爲濂溪的〈太極圖說〉有圖，蕺山順承之而亦有圖。筆者以爲牟先生之意是對的，因爲這些圖是粗淺的象徵，例如講到「五行攸敘」蕺山便在一個圓中，畫五個小圓表示之；講到「物物太極」而「百行考旋」，蕺山就在一個圓中，畫上許多的小圓象徵之，因此本文在此省略圖案，下文亦然。

〔註26〕 王瑞昌：〈論劉蕺山的無善無惡思想〉，《孔子研究》總第62期2000.6，頁78

說心之體有超越善惡相對之意思是對的，但就蕺山而言，這超越善惡只能用「至善」來形容，不能用「無善無惡」來形容，事實上，「無善無惡」是蕺山學中的「忌諱」字眼，在蕺山的眼光來看，他的意見和東林學派的顧憲成、高攀龍一致，認為陽明後學的許多流弊都來自「無善無惡心之體」中的「無善無惡」四個字。〔註27〕故王先生在此說「無善無惡的確是蕺山的真實思想」是蕺山決不能同意的話，〔註28〕當時，蕺山在《人譜》寫上「無善而至善，心之體也。」時，有人讀了此句便有疑惑，蕺山和黃梨洲的意見是這樣的：

> 有讀《人譜》，疑無善二字者。曰：「人心只有好惡一機，好便好善，惡便惡不善，正見人性之善。若說心有箇善，吾從而好之，有箇不善，吾從而惡之，則千頭萬緒，其為矯揉也多矣。且謂好惡者心乎？善惡者心乎？識者當辨之。（〈會錄〉，《全集》二，頁610，約57歲。）
> 梨洲對此段的按語：《人譜》謂「無善而至善，心之體也。」與陽明先生「無善無惡，心之體」之語不同。……人本無善，正言至善之不落跡象，無聲無臭也。先生從至善看到無善，善為主也；周海門言「無善無惡，斯為至善」，從無強名之善，無為主也。儒釋分途於此。〔註29〕

蕺山的回答邏輯是這樣的，從「好善惡惡」來說「人性之善」，這就是指「至善」而言（從好善惡惡來說「至善」，而不只是從超越善惡相對來說至善），可是有好惡之幾，並不就是說「心有個善」或「有個不善」的價值標準懸在那兒，好讓道德實踐者去選取，這樣就犯上「矯揉」，所以不是這樣。這樣看來，梨洲的按語是正確合乎蕺山的意思的，梨洲認為蕺山是從至善說到無善，以至善為主，而無善正是說明至善的心是不落跡象的有個善、不善懸在那裡，和周海門之從無善說到至善不同。

現在再回到〈人極圖說〉的原文疏解，由 「繼之者善也，成之者性也」之繼善成性說，由此展開而為萬事萬物，例如「五性」、「萬化」，再由此「五性」、「萬化」呈現為「五倫」、「萬性」，這時的「萬性」是從天理的呈現而為

〜79。

〔註27〕勞思光：《新編中國哲學》三下（臺北：三民書局，1987），頁581。

〔註28〕王先生此說不合乎蕺山的語脈，實肇因於他是站在陽明學的立場來闡述蕺山學，這是一些研究蕺山學的學者的通病。

〔註29〕黃宗羲：《明儒學案下‧蕺山學案》，黃宗羲：《黃宗羲全集》第八冊，（臺北：里仁書局，1987），頁1542。

我心所持存而說的，故說「萬性正矣」（沒有過與不及），然後蕺山將已表現爲「五倫」、「萬性」再統攝起來，所以蕺山說：「萬性，一性也。性，一至善也。至善本無善也」再回歸至「至善本無善」上。於是「無善之真，分爲二五，散爲萬善。」「俯仰於乾坤之內者，皆其與吾之知能者也」，世界便成爲一個我的心所持存的「天理流行」、「善的流行」的世界，因此就人的本質之人之所以爲人而言，君子與小人的分別就在是否能存此「無善而至善，而散爲萬善」之心，所以「積善」或「改過」便很重要。

蕺山這樣的說法有兩個好處，根器明敏的，可以窮究心之源而如實掌握天理，直接正面的挺立道德本體；根器較篤實者，體會不到本體，也可以從心之散爲萬善著手，不會有摸不著「本心」的狀況，〔註30〕所以在〈證人要旨〉中，他便一步步展開，精神一層層由內向外呈現發展。

三、（二）〈證人要旨〉

在〈證人要旨〉中，由「體獨」到「動念知幾」、「謹威儀定命」、「敦大倫凝道」、「考旋百行」到最後的「遷善改過以作聖」，由最隱微的內（獨）向外一步步推擴到「百行」。

甲、（無極太極）一曰：凜閒居以體獨。

「體獨」的狀態就是蕺山在〈人極圖說〉中的「無善而至善，心之體」，蕺山在此又強調他的慎獨功夫，蕺山曰：

> 學以學爲人，則必證其所以爲人。證其所以爲人，證其所以爲心而已。自昔孔門相傳心法，一則曰慎獨，再則曰慎獨。夫人心有獨體焉，即天命之性，而率性之道所從出也。慎獨而中和位育，天下之能事畢矣。然獨體甚微，安所容慎？惟有一獨處之時可爲下手法。而在小人，仍謂之「閒居，爲不善，無所不至」，至念及揜著無益之時，而已不覺其爽然自失矣。君子曰：「閒居之地可懼也，而轉可圖也。」吾姑即閒居以證此心。此時一念未起，無善可著，更何不善可爲？止有一真無妄在不睹不聞之地，無所容吾自欺也，吾亦與之

〔註30〕 關於蕺山的《人譜》的一個普遍意見是認爲此書是爲中下根人立論的，如《四庫全書總目提要》（見《全集》五，頁534）；清人徐樹銘（見《人譜類記·敍》，臺北：廣文書局，1996，頁6）；今人曾錦坤（見曾錦坤：《劉蕺山思想研究》，《臺灣師大國文研究所集刊》第28號1984.6，頁606）、林炳文（昇林怀立，《劉蕺山的慎獨之學之研究》，臺北·文化人學研究所1990年碩士論文，頁133）這些都忽略了《人譜》中的〈人極圖說〉之作用。

> 毋自欺而已。則雖一善不立之中，而已具有渾然至善之極。君子所
> 爲必愼其獨也。夫一閒居耳，小人得之爲萬惡淵藪，而君子善反之，
> 即是證性之路。蓋敬肆之分也。敬肆之分，人禽之辨也。此證人第
> 一義也。
>
> 靜坐是閒中喫緊一事，其次則讀書。朱子曰：「每日取半日靜坐，半
> 日讀書，如是行之一、二年，不患無長進。」（《人譜·證人要旨》，
> 《全集》二，頁 5～6，57 歲。）

在這段引文中，蕺山把〈證人要旨〉的實踐工夫歸諸「愼獨」，這是他一貫的
宗旨。首先，他說作學問就是要學「爲人」，要做到「是個人」，人當作到「是
個人」，「人」在此顯然有其本質意義的要求，而不只是生物學上的「人」，因
而要實證此意義。蕺山把如何實證此意義放在「心」上，但是「心」的什麼
東西？蕺山把關鍵放在「心有獨體」上，所謂要實證此心，就是要實證此心
之獨體，而這獨體就是「天命之性」，當掌握了「天命之性」，「率性之道」也
就從此而出了。但如何實證獨體？蕺山認爲，「獨體」非常隱微，要將「愼」
的工夫用上，本就不容易，所以只有在「獨處」之時可當作「下手法」，但在
獨處的什麼時候可爲下手法，蕺山並沒有特別的意見，但就君子小人在「閒
居」時的一上一下之人生境界升進與沉淪之別來說，蕺山認爲可以「姑且」
在「閒居」之時來著手，〔註31〕蕺山用「姑」來說明，表示是有其「方便性」、
「權宜性」，也就是可以爲一個方便的入手。這種閒居之時有一個特色，即「一
念未起，無善可著，更何不善可爲」，換句話說，蕺山這裡所謂的「閒居」有
點類似一般人平日裡的「發呆」（類似但不等同，否則就難以顯出君子之不
同），君子和小人的發呆，行爲相同，品質不同，故造成一上升一下墮的境界。
關鍵在「不覺」與「覺有主」〔註32〕之別，小人因爲「不覺」，故流爲人欲而
無所不至，蕺山在此用「至念及揜著無益之時，而已『不覺』其爽然自失矣。」
「小人得之爲萬惡淵藪」正是此意。〔註33〕君子因爲「覺有主」，因此即使在
「一念未起，無善可著，更何不善可爲」的閒居發呆之中，善反之（逆覺），
而可以發現一「證性之路」（體證），也就是可以逆覺體證而得獨體。這個獨

〔註31〕「惟有一獨處之時可爲下手法」、「吾姑即閒居以證此心」，蕺山在這裡的語意
（「惟有」與「姑且」）看起來是有些對立的，其實沒有，關鍵在獨處有閒居
與沒閒居之別。

〔註32〕蕺山曰：「覺有主是蒙創見」。見〈學言中〉，《全集》二，頁 481，60 歲。

〔註33〕『 』爲筆者所加，表示強調之意。

體的逆覺體證過程（證性之路）是「止有一眞無妄在不睹不聞之地，無所容吾自欺也，吾亦與之毋自欺而已。則雖一善不立之中，而已具有渾然至善之極。」也就是在不睹不聞之地，只不自欺地發覺「一眞無妄而渾然至善之極」，因此它和佛學中的不思善不思惡不同。〔註 34〕這樣便可發現人之所以爲人之處。

蕺山在「凜閒居以體獨」的最後說到：「靜坐是閒中喫緊一事，其次則讀書。朱子曰：『每日取半日靜坐，半日讀書，如是行之一、二年，不患無長進。』」在這裡面，蕺山提到兩個「凜閒居以體獨」的工夫：「靜坐與讀書」，蕺山用「其次」來連接，這個「其次」可有兩個意思，一是類似「第一、第二」並列中「第二」的這種「其次」；也可能是「首先、其次」有先後次序的「其次」。在這段文獻的蕺山自己的話中，看不出來的蕺山是指哪一個？如果就蕺山引朱子的說法，倒還比較偏於「並列」，就蕺山的生命經驗中，讀書也可以是體獨的方法，〈劉譜〉37 歲條：

> 先生以群小在位，給假歸，閭門讀書。曰：「昔伊川先生讀《易》，
> 多得之於涪州。朱子落職奉祠，其道益光。吾儕可無自屬乎！」久
> 之，悟天下無心外之理，無心外之學，乃著論曰：⋯⋯。（〈劉譜〉
> 37 歲條，《全集》五，頁 145，37 歲。）

蕺山在此所著之論即是〈心論〉，依劉汋的記載，蕺山在此是讀書而悟到的，因此靜坐和讀書似乎是並列的兩個工夫。但如果考慮到〈心論〉是屬於 48 歲前之奠基期的 37 歲作品，而〈人極圖說〉是 57 歲所作，屬於 49～58 歲的「成熟期」作品，其間相差 20 年，可不可能變化？

若依年歲的相近而言，恰巧在蕺山 55 歲諸〈說〉的作品（距 57 歲之〈人極圖說〉兩年）中，有提到其間的關係。蕺山曰：

> 朱夫子曰：「學者半日靜坐，半日讀書，如是三五年，必有進步可觀。」
> 今當取以爲法。然除卻靜坐工夫，亦無以爲讀書地，則其時亦非有
> 兩程候也。學者誠於靜坐得力時，徐取古人書讀之，便覺古人眞在
> 目前，一切引翼提撕匡救之法，皆能一一得之於我，而其爲讀書之
> 意，有不待言者矣。昔賢詩云：「萬徑千蹊吾道害，《四書》、《六籍》
> 聖賢心。」學者欲窺聖賢之心，尊吾道之正，舍《四書》、《六籍》

〔註34〕蕺山在〈人極圖說〉中強調說：「所繇而下心善惡之旨異矣，此聖學也。」見〈人極圖說〉，《全集》二，頁 5，57 歲。

無由。夫聖賢之心，即吾心也，善讀書者，第求之吾心而已矣。舍
吾心而求聖賢之心，及千言萬語，無有是處。陽明先生不喜人讀書，
令學者直證本心，正爲不善讀書者，舍吾心而求聖賢之心，一似沿
門持缽，無異貧兒，非爲讀書果可廢也。先生又謂「博學只是學此
理，審問只是問此理，愼思只是思此理，明辨只是辨此理，篤行只
是行此理」，而曰「心即理也」，若是乎此心此理之難明，而必假途
於學問思辨，則又將何以學之、問之、思之、辨之、而且行之乎？
曰：「古人詔我矣。讀書一事，非其導師乎？即世有不善讀書者，舍
吾心而求聖賢之心，一似沿門持缽，苟持缽而有得也，亦何惜不爲
貧兒？」昔人云：「士大夫三日不讀書，即覺面目可憎，語言無味。」
彼求之聞見者猶然，況有進於此者乎？惟爲舉業而讀書，不免病道。
然有志之士卒不能舍此以用世，何可廢也？吾更惡夫業舉子而不讀
書者。（〈讀書說〉，《全集》二，頁358～359，55歲。）

這段文獻分成三部分，第一部分說明讀書和靜坐的關係；第二部分說明心和
經典或心和讀書的關係；第三部分說到一般人讀書的現象。

在第一部分中，蕺山關於靜坐和讀書的關係是蕺山典型的說法，但不容
易爲一般人所了解，在上文中，有說到，蕺山此處的靜坐和讀書用「其次」
來連接，這「其次」有「並列」和「先後」兩種意思，蕺山到底是哪一種意
思？在這段引文中，可以知道，蕺山是兩種意思都有，兩種意思都包括在裡
面，怎麼可能呢？「並列」和「先後」怎麼可能同時成立？要嘛，就是同時
的「並列」，要不，就是「先後」，怎麼可能是都成立呢？可是蕺山明是如此
說的：「然除卻靜坐工夫，亦無以爲讀書地，則其時亦非有兩程候也。學者誠
於靜坐得力時，徐取古人書讀之，便覺古人眞在目前。」從「亦非有兩程候
也」一句來看，可以知道是「同時並列」的；可是從「學者誠於靜坐得力時，
徐取古人書讀之」一段話來看，似乎又是靜坐得力後，再來才是「徐取古人
書讀之」之讀書也，因此可以知道是「先後」的，這就矛盾了，蕺山到底是
什麼意思？

首先，必須明白，蕺山這樣的說法是常見的〔註35〕，因此顯然是有其用

─────────────

〔註35〕如蕺山曰：
「即主宰即流行也。此正是體用一原，顯微無間處。今以意爲心之所發，亦
無不可，言所發而所存在其中（引者注：從「今以意」一氣連讀至此爲句），

意，而不能輕易地以「矛盾」視之。蕺山曰：

> 「知行」是一，「誠明」亦是一。所以《中庸》一則互言「道之不明、
> 不行」，一則合言「誠明、明誠」，可謂深切著明。惟是立教之旨，
> 必先明而後誠，先致知而後誠意，凡以言乎下手得力之法，若因此
> 而即彼者，而非果有一先一後之可言也。(〈答史子復〉，《全集》三
> 上，頁 452，68 歲。)

意思是說，「誠明」本是一，此是就本體言，但如就工夫的下手得力而言，就
有比較得力的入手之法，而由此言「因此而即彼」之先後，但其實並沒有所
謂的先後，因為他們本是一體。拿一個比喻來說，就好像有個球，整個球是
一個整體、是一體的，球裏面的事物完全辯證地綜合在一起，其實是沒法分
的，但要進入其內在時，可以從某一面著手，但一著手進入，並不是就只有
這一面，這一面一定也包含其他面在其中，沒其他面，這一面也不成為這一
面。但從某一面著手的工夫而言，有「下手得力」的差別，就此而言先後也。
〔註 36〕

　　如果明瞭蕺山這樣的用法，現在可以回到「靜坐」與「讀書」的關係了，
就「體獨」而言，這兩者都是有效的，有如蕺山在 37 歲用讀書來體認（蕺山
34 歲習坐），與 49 歲之「半日靜坐，半日讀書」、50 歲之「無事終日靜坐」
而體獨，皆可成立，在此兩者是一致的，「非有兩候程」，但這樣的「讀書」，
是將讀書作為一種體認獨體的行為才可，可是一般人卻不一定如此，蕺山在
上面〈讀書說〉的引文第三部分說一般人讀書是為了「聞見」與「舉業」，如
此的「讀書」便是「病道」，無益於體獨的。因此以「下手得力」而言，將靜
坐作為讀書的前步驟，恰可以將讀書貞定到「體獨」的道路上而得之於我心，
是故蕺山說當靜坐稍有所得時，便可「徐取古人書讀之」，這便進入〈讀書說〉
的第二部分，即藉「讀書」而體會聖賢之心，而聖賢之心即是吾心，因此讀
書恰可體會吾心，使得讀書可作為道德實踐上的「引翼提撕匡救」之幫助，

> 終不可以心為所存，意為所發。」見〈學言下〉，《全集》二，頁 522，66 歲。
> 「只此一點微幾，為生生立命之本。俄而根荄矣，俄而幹矣，俄而枝矣，俄
> 而業矣，俄而花果矣。果復藏仁，仁復藏果。」見〈學言下〉，《全集》二，
> 頁 556，66 歲。
> 「知行自有次第。但知先而行即從之，無閒可截，故云合一。」見〈學言上〉，
> 《全集》二，頁 426，43 歲。
> 這些都是類似的思維或是相同句法的文獻。
> 〔註 36〕這只是比喻，不是例證，比喻只是幫助理解而已，沒有證據效果。

讀書便可成爲道德實踐者的「導師」，如果沒有這樣，讀書沒有這個本領，就容易產生許多「混亂」或是「驕吝」〔註37〕。對於象山和陽明而言，蕺山在此將「讀書」作了一個「哥白尼式的逆轉」，所謂「哥白尼式的逆轉」是說，蕺山是非常同意象山所說的「學苟知本，《六經》皆我註腳。」〔註38〕或陽明之「《六經》者，吾心之記籍也，而《六經》之實則具於吾心。」〔註39〕，但當《六經》與吾心等同起來後，象山、陽明的重點是放在吾心上，故陽明說：「世之學者，不知求《六經》之實於吾心，而徒考索於影響之間，牽制至文義之末，硜硜然以爲是《六經》者。」〔註40〕換言之，依陽明，要了解《六經》，只要好好讀自己的這顆心就好了，陽明這樣說是沒錯的；可是蕺山的理解剛好是顛倒著說，《六經》等同吾心，因此在不太了解這顆心而又想要了解這顆心時，就可以從《六經》著手，蕺山的重點是在《六經》的讀書上面。蕺山在評論陽明的〈稽山書院尊經閣記〉時說到：

> 《六經》註腳之說，正是尊經之旨，後人不善會，便是侮聖人之言。
> （《陽明傳信錄》，《全集》四，頁49，61歲。）

蕺山在別的地方又說到類似意旨的話：

> 所好者道也，而古人其階梯云。後儒之言曰：「古人往矣，《六經》注我耳。吾將反而求之吾心。」夫吾之心未始非聖人之心也，而未嘗學問之心，容有不合於聖人之心者，將遂以之自信曰：「道在是。」不已過乎？夫求心之過，未有不流爲猖狂而賊道者也。（〈張愼甫《四書解》序〉，《全集》三下，頁712，55歲。）

從這段可知，蕺山是將《六經》視爲道的呈現，因而古人之言，便可成爲道德實踐者的階梯。陽明是從人已是聖人的狀態來立論，故說了解自己的心就是了解《六經》，蕺山顯然對此是不敢太快同意的，他的人還不是聖人，他總是小心翼翼、戒愼恐懼、憂勤惕厲地省察其中的理欲之介，而吾人之心總有「妄」存在（容有不合於聖人之心者），因此如果直接求之於心，就容易有猖狂賊道的行爲發生，換句話說，蕺山顯然是從人還是現實道德實踐中的未完

〔註37〕〈聖學喫緊三關〉，《全集》二，頁256，49歲。

〔註38〕陸九淵：《象山先生全集》（臺北：臺灣商務印書館，1979），卷34，頁393。

〔註39〕吳光等人編校：《王陽明全集》上（上海：上海古籍出版社，1995）卷7〈文錄四〉，〈稽山書院尊經閣記〉，頁255。

〔註40〕吳光等人編校：《王陽明全集》上（上海：上海古籍出版社，1995）卷7〈文錄四〉，〈稽山書院尊經閣記〉，頁255。

全體道之人，而又想了解人的這顆眞心，這時，讀書是有用處的。這「用處」就是上文在《人譜雜記》中所說的引導與印證。

因此就蕺山而言，對〈人極圖說〉中的第一步「凜閒居以體獨」來說，靜坐與讀書是兩個工夫，這兩個工夫是互爲需要而有先後而實無先後的。

乙、（動而無動）二曰：卜動念以知幾。

由體獨之後，此天命之性的獨體進一步向外解蔽，就進入第二步「卜動念以知幾」，蕺山曰：

> 獨體本無動靜，而動念其端倪也。動而生陽，七情著焉。念如其初，則情返乎性。動無不善，動亦靜也。轉一念而不善隨之，動而動矣。（「轉一念」下，新本作「偶著一念，因而過矣，卒流於惡者有之。」）是以君子有愼動（新本作「獨」。）之學。其情之動不勝窮，而約之爲累心之物，則嗜慾忿懥居其大者。損之象曰：「君子以懲忿窒慾。」懲窒之功，正就動念時一加提醒，不使復流於過而爲不善。纔有不善，未嘗不知之而止之，止之而復其初矣。過此以往，便有蔓不及圖者。昔人云：「懲忿如推山，窒慾如塡壑。」直如此難，亦爲圖之於其蔓故耳。學不本之愼獨，則心無所主，滋爲物化。雖終日懲忿，只是以忿懲忿；終日窒慾，只是以慾窒慾。以忿懲忿，忿愈增；以慾窒慾，慾愈潰。宜其有取於推山塡壑之象。豈知人心本自無念，忽焉有念，吾知之；本自無慾，忽焉有慾，吾知之。只此知之之時，即是懲之窒之之時，當下廓清，可不費絲毫氣力，後來徐加保任而已。《易》曰：「知幾其神乎！」此之謂也。謂非獨體之至神，不足以與於此也。（《人譜·證人要旨》，《全集》二，頁6～7，57歲。）

就天理、天命之性解蔽的過程中，從第一步的「凜閒居以體獨」而生生不已，就每一個生生不已的歷程，蕺山認爲這個時候就需要「卜動念以知幾」的提醒工夫，如果沒有這個工夫的提醒，當一念而轉時，「偶著一念」，一不小心（此指對於「覺」而言的一不小心），「過」便產生，所以在此「動念」之時，當要有「愼獨」、「愼動」的工夫，而這個動念時的工夫，對於「不覺」而言，事實上，也只需要「一加提醒」而已，這樣使「不覺」轉成「覺」，便不會「流於過而爲不善」，因此有不善，未嘗不知之矣，如果沒有這樣，而習於不覺，那就糟糕有「蔓不及圖者」，因此此時的工夫當在「動念」之際，便覺之而知之，這工夫又還要回到第一步「凜閒居以體獨」的工夫，所以蕺山在此處才

說「學不本之慎獨，則心無所主，滋為物化。」第一步得力，第二步就跟著容易得力，否則總是流於「雖終日懲忿，只是以忿懲忿」的事後工夫，以忿懲忿還是忿，生氣於我的生氣，對剛剛「我的生氣」生氣，故說「忿愈增」，所以即使就「提醒」而言，也並不是「時時提醒」，時時提醒，這提醒本身雖不是動念，但也是一種「助」的工夫〔註41〕，所以在「一加提醒」後，便「也要把這個提醒化掉」，而進入對第一步體獨工夫的「徐加保任」而已。如此便能隨時知之即懲之窒之，當下廓清，不費吹灰之力。

換句話說，對於〈證人要旨〉第二步「卜動念以知幾」而言，其對象就是「偶著一念」，對「偶著一念」而言，有兩個對治方法，一是提醒而不使之成為習氣〔註42〕；一是提醒而化掉提醒而回到體獨的徐加保任。這兩個對治方法不是並列相對的，而是有其工夫上的先後次序。就第一個對治方法而言，蕺山提出〈治念說〉；就第二個對治方法而言，蕺山提出「保任法」〔註43〕。

以下先就第一個對治方法而立論。對於「念」的防治，蕺山一直都是很重視的，所以蕺山對此的文獻也有一些，蕺山曰：

（1）今（新本作「二」字）心為念，蓋心之餘氣也。餘氣也者，動氣也，動而遠乎天，故念起念滅，為厥心病，還為意病，為知病，為物病。故念有善惡，而物即與之為善惡，物本無善惡也；念有昏明，而知即與之為昏明，知本無昏明也；念有真妄，而

〔註41〕這個提醒不是動念，蕺山曰：「良知一點，本自炯炯，而乘於物感，不能不恣為情識；合於義理，不得不膠為情見。……覆以情識，即就情識處一提便醒；覆以意見，即就意見處一提便醒。便醒處仍是良知之能事，更無提醒此良知者。」（〈學言上〉，《全集》二，頁474，59歲）可知這個提醒不是動念。

〔註42〕這是針對「偶著一念」之「偶著」而言，當然也有成為習氣之時，蕺山之學重視道德實踐的歷史性，因此不會說「如果在偶著一念時就用工夫便不會有習氣發生，因此不必考慮習氣的對治」，總是考慮現實上，一個道德實踐者已經有習氣或當下也有這樣習氣的發生的可能而成為習氣之時，其對治法，就要用「小訟法」或「大訟法」了，參下文。

〔註43〕「保任」蕺山有時寫成「葆任」，如〈會錄〉，《全集》二，頁603，57歲等處，蕺山《全集》中，有一些「同音通假」的文字，有時為了避諱（如由寫成繇，避崇禎「朱由檢」諱），有時不是（沒有理由，如此處的保任、葆任，蕺山的這種沒有理由，純是同音通假的用法，當時崇禎就很在意，以「字畫多訛」斥之，見〈敬陳祈天永命之要以回阨運以鞏皇圖疏〉之崇禎批語，《全集》三上，頁104，53歲）。為了統一，本文一律用「保任」（另一個原因是因為這樣寫對工夫來說是有意義的，詳下文之論「保任法」時即可得知）。又：「保任法」一詞是蕺山的用法，見《聖學宗要》，《全集》二，頁275，57歲。

意即與之爲真妄，意本無真妄也；念有起滅，而心即與之爲起滅，心本無起滅也。故聖人化念歸心。(〈學言中〉,《全集》二,頁491,60歲。)

（2）思積爲慮，慮返爲知，知返爲性，此聖路也。念積爲想，想結爲識，識結爲情，此狂門也。(〈學言中〉,《全集》二,頁492,60歲。)

（3）心之官思也，而日未起，無起而無不起也。隨用而見，非待用而起也。有用有不用，有起有不起者，念也。以念爲思，是認賊作子也；又以無念爲思，是認子作賊也。蓋念之有起有滅者，動靜所承之幾；而心官之無起無不起者，太極本然之妙也。(〈答文燈巖司理〉,《全集》三上,頁424,63歲。)

（4）人其生而最靈者也。生氣宅於虛，故靈，而心其統也，生生之主也。其嘗醒而不昧者，思也，心之官也。致思而得者，慮也。慮之盡，覺也。思而有見焉，識也。注識而流，想也。因感而動，念也。動之微而有主者，意也，心官之真宅也。(〈原心〉,《全集》二,頁327,65歲。)

（5）予嘗有無念之說以示學者。或曰：「念不可無，何以故？凡人之欲爲善而必果，欲爲不善而必不果，皆念也。此而可無乎？」曰：「爲善而取辨於動念之間，則已入於偏，何善之果爲？」「然則爲善去惡奈何？」曰：「欲爲善則爲之而已矣，不必舉念以爲之也？欲去惡則去之而已矣，不必舉念以去之也。舉念以爲善，念已焉，如善何？舉念以不爲惡，念已焉，如惡何？又舉一念可乎？曰：念念以爲善，窮於善矣，如念何？念念以不爲惡，窮於惡矣，又如念何？」然則不思善、不思惡乎？」曰：「思者，心之官也。思則得之，得無所得，此謂思善；不思而得，失無所失，此謂至善。夫佛氏之言，似之而非者也。吾病其以念爲思也。」「然則念可屏乎？」曰：「不可屏也。當是事有是心，而念隨焉，而思之警發地也，與時而舉，即與時而化矣，故曰：今心爲念。又轉一念焉，輾轉不己，今是而昨非矣。又屏一念焉，屏之不得，今非而愈非矣。夫學所以治念也，與思以權，而不干之以浮氣，則化念歸思矣。化念歸思，

化思歸虛，學之至也。夫思且不可得，而況於念乎？此爲善去
惡之眞法門也。」（〈治念說〉，《全集》二，頁 371～372，66
歲。）

上面舉了五段文獻，排列的次序不是依照相關性，而是依照年歲。部分文獻
已引論過，故上文已論說者，此處略之。引用五段文獻是因爲蕺山的「念」
都常和「思」一起立論，故對於念而言，必然連帶著「思」這個概念，而這
五段恰能清楚說明其中之不同，以免引起不必要的誤解，所謂不必要的誤解，
例如李興源先生認爲：

蕺山認爲「凡有念皆不是道」，故爲善或去惡，不必先舉念而後爲之，
乃有「無念」之說。然「無念」實難，退而求其次，則應「化念」。
與思以權，可化念歸思，動而即復，可化念歸心，故學者不必強求
無念，貴在能化念。〔註44〕

在李先生的這段引文中，好像「化念」之上，還有一個「無念」的工夫或境
界，所以他說「『無念』實難，退而求其次，則應『化念』。」事實上，如果
無念很難，化念就很難，因爲就第（1）則文獻中，已說明「化念歸思」時即
「無念」，如果念起，「心、意、知、物」就跟著生「病」，必須「心之官思也」，
在思的工夫下，「嘗醒而不昧的思」發揮作用（第（4）則文獻），「思則得之」
才能拿回掌握權，而「無念」，使得「心、意、知、物」生病的狀態當下消除，
回到健康的狀態，化念就是無念，無念就是化念，不是在化念時，心好像還
有點「念」的存在，還沒到達「無念」的階段，然後經過化念，心中的念越
來越少，最後到達「無念」，這樣是不對的。蕺山的思想中，「天理與人欲，
同行而異情」，天理與人欲是個「同體依」的關係，同體依但卻不相容，故說
同行而異情，故心要嘛就是在「思」的狀態（此時天理呈現），要不，就是在
「念」的狀態（此時人欲呈現），不是好像有百分之幾的念還存在心中這種情
形。由此，也可知道爲什麼蕺山在第（5）則的〈治念說〉說，把治念的責任
交給了「思」。因爲從這幾段文獻和以上的敘述可以得知，「『思』是一種本心
有主（嘗醒）而靈明（不昧）的能力，……『思』在蕺山的理解中，不是個
多餘的概念，他本身有豐富且獨特的實踐意涵。」〔註45〕有何豐富且獨特的

〔註44〕李興源：〈劉蕺山「誠意之學」探析〉，《中國國學》第 17 期 1989.11，頁 291。
〔註45〕林月惠：〈劉蕺山論「未發已發」——從觀念史的考察談起〉，收入鍾彩鈞主
編：《劉蕺山學術思想論集》（臺北：中央研究院中國文哲所籌備處，1998），

實踐意涵？蓋在其可「治念」也，而「治念」是蕺山在〈證人要旨〉「卜動念以知幾」的重要工夫。從第（2）、（4）則引文，可以知道，當心之「思」起作用時，此時即「天理流行」狀態，「這時不是沒有念的」（喫緊，有語病，一氣連至下句），只是蕺山把天理流行而萬物一體時的「念」叫「慮」，慮是健康的、沒有生病的，不會造成道德實踐上之「偶著一念」的。在「慮」的情形時，「心之思」不是昏昧不明，仍是非常警醒的，如果昏昧不明，就淪爲「念」了。「思、慮、知、性」都是屬於「聖路」，都是在人心清明的天理狀態下的存在狀態，「念、想、識、情」都是在「人欲」、「狂門」的狀態下的存在狀態。換句話說，當天理流行而萬物一體時，也並不是就「混沌一氣」沒有任何差別。如果認爲沒有任何差別，那又是「偶著一念」了。這樣說，很奇妙嗎？正是奇妙，這就是在第（3）則引文中蕺山認爲「心官之無起無不起者，太極本然之妙也。」的意思。於此，也可得知蕺山的「思」是有如牟宗三先生所說的「思即覺也」的意義存在，不可以一看「思」就和現代人所謂的「思維」、「思慮」等同起來。〔註46〕

　　以上五段文獻都可以在以上的解說下獲得理解，唯有第（5）則引文的最後面一段話仍需要加以說明，這段話就是「夫學所以治念也，與思以權，而不干之以浮氣，則化念歸思矣。化念歸思，化思歸虛，學之至也。夫思且不可得，而況於念乎？此爲善去惡之眞法門也。」依上文的說明，這段話是可以這樣理解的，即：就道德實踐言，在「卜動念以知幾」之時，「治念」是一個實踐的重點，而治念的關鍵在「心之官則思」的「思」上，思本身有嘗醒而不昧、無起而無不起的作用，因此可以有一個掌握權在手，就此而言，治

頁 296。林先生爲什麼要說思不是個多餘的概念，此因他要補充牟宗三先生未正視蕺山之「思」的情形，參該頁的註 37。

〔註46〕牟先生之意，見牟宗三：《從陸象山到劉蕺山》（臺北：臺灣學生書局，1984），頁 170。把「思」當「思維」解者，見黃宣民：〈蕺山心學與晚明思潮〉，收入鍾彩鈞主編：《劉蕺山學術思想論集》（臺北：中央研究院中國文哲所籌備處，1998），頁 240。蕺山的「思」當時陶奭齡就無法掌握，就以「思慮」解之，所以在解答學生問題時，蕺山認爲良知是「思則得之」，奭齡即表示「思慮」是無法掌握良知的，見《證人社語錄・第八會》，《全集》二，頁 682，蕺山對此是有自覺的，他當時就察覺一般人很容易把「思」解作「思維」、「思慮」，蕺山曰：「自心學不明，學者往往以想爲思，因以念爲意。及其變也，以欲拒理，以情偶性，以性偶心，以氣質之性分義理之性，而[不]可以爲之四裂。」見〈原心〉，《全集》二，頁 330、31 成。又：蕺山此處的「慮」和唯識學中，轉識成智之後的「妙觀察智」類似。

念和浮氣之存在造成道德實踐的障礙相干性不大，相干性大的是「思」，如果掌握了「思」的工夫，便可「化念歸思」，繼而「化思歸虛」，這樣就是道德實踐的極則了，「化思歸虛」之時「思」也不可得，何況是「念」呢？這就是道德實踐上爲善去惡的眞正法門。

這樣的理解，和上文的解釋上，就多了一個「工夫」或「概念」，這個工夫就是「化思歸虛」，「思」既然是治念最主要的工具，則如何還要把他「化掉」？這就牽涉到在上文說的：在〈證人要旨〉第二步「卜動念以知幾」上，對治「偶著一念」的兩個先後連續的方法：〈治念說〉與「保任法」中的「保任法」了。

就〈治念說〉來說，是有如在〈證人要旨〉第二步「卜動念以知幾」中所說的：「懲窒之功，正就動念時一加提醒，不使復流於過而爲不善。纔有不善，未嘗不知之而止之，止之而復其初矣。」是在動念之際，加一「提醒」，這種提醒在道德實踐的初期，人因爲是有種種習氣存在的「歷史性存在」〔註47〕，是有其必要性的，而且要隨時記得，蕺山曰：

> 工夫不能頓有所得，時時警策，自佳。習氣深，則一隙之知抵擋不過，務用長提此知。又曰：「工夫眞是易簡。」（〈會錄〉，《全集》二，頁602，57歲。）

蕺山在這段引文中，說到在「卜動念以知幾」中這樣的「知之即懲之窒之」力量，在道德實踐初期，力量是很微弱的、不容易持續的，有如「一隙之知」而抵擋不過習氣，這個時候，就「務」必用「長提此知」來培養，也就是「常常提醒」，慢慢的，「知之」帶來的改變力量越來越大〔註48〕，到後來就不必再「長提」此知了，這就是「卜動念以知幾」中所說的「只此知之之時，即是懲之窒之之時，當下廓清，可不費絲毫氣力，後來徐加保任而已。」的「保任」了。就此保任當是回到了「體獨」的狀態，針對「獨體」而徐加保任，

〔註47〕本文匿名審查者指出：「用歷史性存在的字眼，建議修改一下，因爲蕺山又不是像船山談歷史。」感謝審查者的細心指出，使得陳述可以更清楚。此處的「歷史性存在」是海德格的用法，海德格認爲通過「存在的時間」，人們可以對人的「歷史性」有一個本體論（存有論）上的理解，人總是一個歷史的存在，人的存在總是歷史的，參海德格著，王慶節、陳嘉映譯：《存在與時間》（臺北：桂冠圖書公司，1998），第72～81節。或李天命：《存在主義概論》（臺北：臺灣學生書局，1986），頁86～92。蕺山事實上也談歷史，見《中興金鑑錄》（《全集》四）。

〔註48〕蕺山有發展「小訟法」、「大訟法」來訓練「長提此知」，參下文。

蕺山認為這是個很重要的工夫，對於體獨後的「動念知幾」而言，才是真正正本清源的工夫，而為當時的儒者所忽略，這就是蕺山在「證人社」時期，和陶奭齡相左的意見之一，蕺山曰：

> 陶先生（引者按：即陶奭齡）曰：「學者須識認本體，識得本體，則工夫在其中。若不識本體，說甚工夫？」先生曰（引者按：即蕺山）：「不識本體，果如何下工夫？但既識本體，即須認定本體用工夫。工夫愈精密，則本體愈昭熒。今謂既識後遂一無事事，可以縱橫自如，六通無礙，勢必至猖狂縱恣，流為無忌憚之歸而後已。」（〈會錄〉，《全集》二，頁600，55歲。）

蕺山基本上不太相信「一悟全悟」、「一悟便定」、「一悟永悟」、「一悟即了」的說法，悟之後如果沒有好好再在本體上用工夫（既識本體，即須認定本體用工夫），正是會有「悟後迷」產生，所謂「悟後迷」正是指此處蕺山所言悟後便以為已到了處，不必作工夫，卻被他的習氣所轉，而至「猖狂縱恣，肆無忌憚」的地步。這個識認本體之後的工夫是什麼呢？即是「保任法」也。蕺山曰：

> 識得後，只須用葆任法，曰「誠敬存之而已」。而勿忘、勿助之間，其真用力候也。蓋天理微渺之中，著不得一毫意見伎倆與之湊泊。才用纖毫之力，便是以己合彼之勞，安得有反身而誠之樂？（《聖學宗要》，《全集》二，頁275，57歲。）

保任法是識得後的工夫要領，而保任工夫的要領就是「勿忘、勿助之間」（所謂的「真用力候」也），就保任之所以為保任而言，是先「保」後「任」，這個先保後任，正是勿忘、然後勿助、然後勿忘勿助的歷程。當識得本體後，這個「獨體」的力量相對於習氣而言還是不大的（得力不得力的力），因此就必須先「保」，這個「保」就是「勿忘」、「保護」或是一種「培養」（培養不是從無到有，而是從小到大），使之不受習氣私欲的干擾侵襲，對於上文來說，這就是獨體面對「動念」時的「一加提醒」。蕺山學中的道德實踐者，總是身處現實的歷史性中，因此這個步驟是需要的，因為在識得本體後，獨體在日常生活中的力量、作用還不大，故要有這個工夫歷程，尤其是在初期，更要「務用長提此知」，時時提醒，但也不能因為「勿忘」之時時提醒而一直執於這個「勿忘」，這樣等於換了個習氣，所以等到力量大了，不是「一隙之知抵擋不過」了，就要把這個「保」的提醒也化掉，所以還要「勿助」的工夫，

但也不能單執於這個「勿助」，也要把這個「勿助」化掉，於是就進入「勿忘、勿助之間」，就保任之所以爲保任的「任」而言，正是此時的工夫也，這個「任」，就是「任運」，就是「任此心自然之運」〔註49〕，任此「勿忘、勿助之間」的心之天理流行也，這個時候就是蕺山在此所謂的「化思歸虛」也，故說「化念歸思，化思歸虛，學之至也。」蕺山這樣的工夫境界實在太細密了。

丙、（靜而無靜）三曰：謹威儀以定命。

越過了第二步，天理性體不停止地解蔽，而體現其價值與意義，便到了第三步「謹威儀以定命」，蕺山曰：

> 慎獨之學，既於動念上卜貞邪，已足端本澄源。而誠於中者形於外，容貌辭氣之間有爲之符者矣。所謂「靜而生陰」也。於焉，官雖止而神自行，仍一一以獨體閑之，靜而妙合於動矣。如足容當重，無以輕佻心失之；手容當恭，無以弛慢心失之；目容當端，無以淫僻心失之；口容當止，無以煩易心失之；聲容當靜，無以暴厲心失之；頭容當直，無以邪曲心失之；氣容當肅，無以浮蕩心失之；立容當德，無以徙倚心失之；色容當莊，無以表暴心失之。此《記》所謂「九容」也。天命之性不可見，而見於容貌辭氣之閒，莫不各有當然之則。是即所謂「性」也。故曰：「謹威儀以定命。」昔橫渠教人，專以知禮成性、變化氣質爲先，殆謂是與？（《人譜‧證人要旨》，《全集》二，頁8，57歲。）

天命性體不停地解蔽，而呈現爲萬事萬物，故也表現在動作威儀之中，就此時，天理人欲仍然是同行而異情的，雖然已經經過前兩步驟的歷程（此不是說，前兩步的實踐就都完成其工夫了，毋寧說，即使沒有完成，也要經歷過），但不要忘了「天理無住、人欲無住」〔註50〕，因此即使前面的工夫實踐的不錯，就此第三步而言，仍要戒愼恐懼、戰兢惕厲的面對之，隨時都有「人欲」的可能，蕺山把它歸納爲《禮記》中所說的「九容」的實踐，而「莫不各有

〔註49〕此詞出自熊十力之論保任義，見熊十力：《新唯識論——熊十力論著集之一》（臺北：文津出版社，1986），頁564等處。

〔註50〕感謝匿名審查者意見：「用天理無住，人欲無住，與蕺山的想法是有其部分相合性，然非完全相合，這還是天台的意思，因爲天理與人欲本空，然蕺山不完全如此，望作者三思。」此處用「天理無住，人欲無住」來詮釋，是採用謝大寧先生的看法，參謝大寧：《儒家圓教底再詮釋》（臺北：臺灣學生書局，1996），第二、三、四章。審查者寶貴意見將作爲下次思考的重點。

當然之則」，就各失去當然之則而言，就有九種人欲呈現的心隨焉，故也是修養的重點。這個實踐的重點首先在「一一以獨體閑之，靜而妙合於動」，也就是不能直接求之於「動作威儀」的講究，這樣就會流於「人僞」，蕺山曰：

> 九容便有九思，若只言九容，便是僞也。（《人譜雜記》，《全集》二，頁41，68歲。）

> 九容分明畫出有道形容氣象，然學者一味學不得，吾病其徇外而爲人也。（〈學言上〉，《全集》二，頁472，59歲。）

> 九容九思，一主靜二字足以概之，（〈學言上〉，《全集》二，頁472，59歲。）

就第一則引文言，只言「九容」講究動作威儀表情等等，事實上就跟演員一樣，只有虛假，沒有眞實，因此不能只是只強調「九容」，這樣就會淪於「徇外而爲人」的弊病，而要有「九思」來主導「九容」，蕺山的「九思」是出自於《論語》的「君子有九思：視思明、聽思聰、色思溫、貌思恭、言思忠、事思敬、疑思問、忿思難、見得思義。」〔註51〕但此處的九思並不一樣，是指「足容當重；手容當恭；目容當端；口容當止；聲容當靜；頭容當直；氣容當肅；立容當德；色容當莊」之九思，但這其間的差異不是很重要，重要的是工夫不只在某言行之後或某言行的當口，才想到要「九思」，而要在之前就要注意「一一以獨體閑之，靜而妙合於動」，這就是第三則引文之強調處，即九思和九容其間的統攝貫穿工夫要領就是「主靜」（即愼獨是也），這樣內外夾逼，便可「知禮成性、變化氣質」了。

丁、（五行攸敘）四曰：**敦大倫以凝道。**

蕺山曰：

> 人生七尺墮地後，便爲五倫關切之身。而所性之理，與之一齊俱到。分寄五行，天然定位。父子有親……君臣有義……長幼有序……夫婦有別……朋友有信……此五者，天下之達道也，「率性之謂道」是也。然必待其人而後行。故學者工夫，自愼獨以來，根心生色，暢於四肢，自當發於事業，而其大者先授之五倫。於此尤加致力（「致力」，新本作「謹凜」，下有「隨分體當」句。）外之何以極其規模之大？內之何以究其節目之詳？總期踐履敦篤。愷愷君子以無忝此

〔註51〕《論語學案·君子有九思章》，《全集》一，頁595，40歲。

率性之道而已。昔人之言曰：「五倫間有多少不盡分處。」夫惟嘗懷
不盡之心，而黽黽以從事焉，庶幾其寡於責乎。(《人譜・證人要旨》，
《全集》二，頁8～9，57歲。)

在這段引文中，說到人一出生就在五倫的關係中，而五倫之「所性之理」，亦
「與之一齊俱到」，只等待學人率性而後行，而操存之，而發於事業，而此事
業之大者首先就是五倫。換言之，就道德實踐的歷程而言，可以說從「凜閒
居以體獨」、「卜動念以知幾」、「謹威儀以定命」、「敦大倫以凝道」……好像
有一個次序性，但是就現實上而言，其實是全部一起來的，只是可以在某個
階段中，說其現在重點放在「體獨」，還是「知幾」，還是「定命」。就「敦大
倫以凝道」而言，前面三個階段重點都還是比較偏在道德實踐的個人身上，
還沒有眞正強調人是個社會關係中的存在，還沒有落實在一個眾多道德主體
間的道德實踐，所以這一個階段的道德實踐，事實上，和前面三個階段有其
本質上的不同，如何在眾多道德主體間，保持彼此皆自由自宅且自覺的君子，
而還是萬物一體，其實是個很難達成的工夫，所以蕺山說：「於此尤加致力，
隨分體當，外之何以極其規模之大？內之何以究其節目之詳？」這個規模是
很龐大的，可惜蕺山在此沒有繼續申論「天理」或者「道」如何落實在人際
關係之中，但筆者以爲蕺山是有意識到這個問題，只是這個問題很難正面表
述，即使表述也很抽象，例如：天理落實在父子的這一倫上，必須是「父子
有親」，但什麼叫「父子有親」，並沒有規定一個什麼行爲使得父子彼此是獨
立自主的君子而又是一體，如果有，恐怕也是個「死心法」[註52]，因爲每
個人就其氣質而言，當成爲君子時，必然是有所不同的（或剛或柔、或狂或
狷……），有如伊尹、柳下惠、孔子都是聖人，特色卻都不同，所以其所成就
的「父子有親」就一定不相同。因此蕺山只能採取兩個辦法，一是反面的陳
述，這是在稍後的〈紀過格〉中論述的；一是用正面的體道公案的方法，使
人體悟（但不是模仿），這是在《人譜雜記》中所作的事業。試以《證人會約》
來作例證。[註53]「證人社」是蕺山和陶奭齡共同成立，相期成就「人之所
以爲人」，故是正面挺立君子之行，在《證人會約》中，並非沒有〈約誡〉，
但除了重視各種「戒不孝、戒苟取……」等等之〈約誡〉外，蕺山還立有〈約
言〉，〈約言〉有十條，每一條全部都是「略戒……」，我們選擇其中數條和此

〔註52〕死心法見〈會錄〉，《全集》二，頁633，66歲。
〔註53〕蕺山寫的《水澄劉氏家譜》也可參考。

相關者：

其三（略戒利己妨人，駕勢毆人辱人，動致人於官）

其四（略戒會中投遞書揭，即借名道學，生事地方，把持官府，雌黃人物。）

其七（略戒結交衙門官吏，說事過錢，及以碑軸獻於當涂者。）

以上之學友間的交往原則，基本上皆是以「戒」爲主，如第七條戒「說事過錢」（關說且行賄）。看了此條，想到羅近溪的一些行爲，就知道此中的難處。羅近溪是被牟宗三先生稱爲「清新俊逸、通透圓熟」而獨能和王龍溪調適上遂陽明學者〔註 54〕，他曾經爲了幫助一個婦人的先生出獄，不惜以十金行賄關說，結果婦人先生出獄後，反而指責婦人行賄。〔註 55〕羅近溪的出發點是善的，方法則可議，若蕺山是不會去做的，蕺山曰：「薛文清公曰：『囑託公事，雖能免人於患難，實損自己之廉恥。』夫免人於患難，且不可以廉恥殉，況其不堪告語者乎？」〔註 56〕

戊、（物物太極）五曰：**備百行以考旋**。

蕺山曰：

孟子曰：「萬物皆備於我矣」。此非意言之也。只緣五大倫推之，盈天地間皆吾父子、兄弟、夫婦、君臣、朋友也。其間知之明、處之當，無不一一責備於君子之身。大是一體關切痛癢。……故君子言仁則無所不愛，言義則無所不宜，言別則無所不辨，言序則無所不讓，言信則無所不實。至此乃見盡性之學，盡倫盡物，一以貫之。《易》稱「視履考祥，其旋元吉。」吉祥之地，正是不廢查考耳。今學者動言萬物備我，恐只是鏡中花，略見得光景如此。若是眞見得，便須一一與之踐履過。（「今學者」下，新本作「然非逐事簡點，只爲圓滿此獨體。如是學以愼獨，方眞見得萬物皆備於我體段，一反身而自得知，不假外求」）。故曰：「反身而誠，樂莫大焉。」又曰：「強恕而行，求仁莫近焉。」反身而誠，統體一太極也；強恕而行，物物付極也。（《人譜·證人要旨》，《全集》二，頁 9～10，57 歲。）

就天理的解蔽而言，現在的重點在於「（物物太極）五曰：備百行以考旋」，

〔註 54〕見牟宗三：《從陸象山到劉蕺山》（臺北：臺灣學生書局，1984），頁 288。

〔註 55〕見嵇文甫：《晚明思想史論》（北京：東方出版社，1996），頁 31。

〔註 56〕《證人會約》，《全集》二，頁 580，54 歲。

換言之，這是從前面的「凜閒居以體獨」、「卜動念以知幾」、「謹威儀以定命」、「敦大倫以凝道」到現在的「備百行以考旋」，就是說重點不限在人的社會關係上，而是更擴大之，到了自然界的「萬事萬物」之上，以「盡倫盡物」，蕺山這樣說，是可以開發儒家的「生態倫理學」的。蕺山在此對於當時學者動不動就說「萬物一體」的現象是警覺的，因此提醒說不能只是嘴巴說說，而是要在萬事萬物的交接上，「一一與之踐履過」，去清楚分辨天理與人欲，而使得天理流行，但一一踐履過，並非是「逐事簡點」，而是爲了正面地「圓滿此獨體」而「一一目擊道存，處處逢景皆春」，免得事事落後一著。所以從第一步的「凜閒居以體獨」的愼獨工夫貫串至萬事萬物上面，現在道德實踐者實證「萬物皆備於我」、「仁者與天地萬物爲一體」之境界，這樣道德實踐者便可見到「物物一太極，統體一太極」的「一萬互統」之天理流行的世界了。

己、（其要無咎）六曰：**遷善改過以作聖。**

蕺山曰：

> 自古無現成的聖人，即堯、舜不廢兢業。其次只一味遷善改過，便做成聖人，如孔子自道可見。學者未歷過上五條公案，通身都是罪過。即已歷過上五條公案，通身仍是罪過。才舉一公案，如此是善，不如此便是過。即如此是善，而善無窮。以善進善，亦無窮。不如此是過，而過無窮，因過改過，亦無窮。一遷一改，時遷時改，忽不覺其入於聖人之域，此人之極則也。然所謂是善是不善，本心原自歷落分明。學者但就本心明處一決，決定如此不如彼，便時時有遷改工夫可作。更須小心窮理，使本心愈明，則查簡愈細，全靠不得今日已是見得如此如此，而即以爲了手地也。故曰：「君子無所不用其極。」（《人譜・證人要旨》，《全集》二，頁10～11，57歲。）

〈證人要旨〉的第六步工夫「（其要無咎）六曰：遷善改過以作聖」，原則上，到了第六步，就量上而言，已經不能再推擴了，「博施而能濟衆」，故已經到達聖人階段，故此步以「聖」名之，但這是就「量」而言，純就「質」而言，蕺山就對聖標出「遷善改過」，故謂之「遷善改過以作聖」，就「質」而言，此「遷善改過」其實是貫串六步的過程中的，是綜合地說愼獨下的五階段之普遍性質，「遷善改過」，善無所謂遷的，合於天理而爲良知所存，即是善，不合於天理就是不善。蕺山在此似乎在糾正當時周海門及其門下強調的「見在良知」，而強調要有一個實踐的歷程，這個道德實踐的歷程是無窮的，因此要學習堯、舜兢兢

業業的十六字心傳工夫，蕺山在此是非常嚴屬的，認爲沒經歷過上五個階段的歷程考驗，「通身都是罪過」，這可以理解，可是已經歷過上五個階段的歷程考驗的，還是「通身仍是罪過」，蕺山這麼說當然是就著「天理無住，人欲無住」來說的，因爲無住，所以通身仍有可能產生罪過，故仍要兢兢業業地實踐工夫。就天理而言是善，就人欲而言是惡，時時操存本心，便愈能掌握天理，這個時候還要下「小心窮理」的工夫，如此本心愈明對於罪過的查簡就愈細密。總之，兢兢業業地慎獨是成德的唯一工夫，不能說「今日已是見得如此如此，而即以爲了手地也。」蕺山的道德實踐工夫戰兢惕屬若此。

三、三負面之過惡的革除：過與改過

蕺山《人譜》這本書，是正反兩面雙向彰顯，正面彰顯道德本體集中在〈人極圖說〉、〈證人要旨〉，這是前兩小節所作的工作。現在就要進入《人譜》這把梯子的負面之過的革除。蕺山這部分的材料集中在〈人譜續篇三〉，底下，本文便以此部分的材料爲主，以其他材料爲輔，論述蕺山的「過」的理論。

因爲天理與人欲是「同體依」的關係，所以蕺山的過是和〈證人要旨〉中展開的步驟相一致的，茲整理如下而名曰「證人要旨之聖凡對照歷程體系表」：

證人要旨之聖凡對照歷程體系表：

項目次第	徵兆	六事功課	聖凡	內容	對治工夫
1 誠意	無極太極	凜閒居以體獨	聖	獨體	靜坐與讀書
	物先兆	微過（獨知主之）	凡	妄（惑：名利生死酒色財氣）	微過成過：小訟法（閉閤一時）
2 正心	動而無動	卜動念以知幾	聖	幾、慮	治念法、保任法
	動而有動	隱過（七情主之）	凡	溢喜、遷怒、傷哀、多懼、溺愛、作惡、縱欲	隱過成過：小訟法（閉閤二時）
3 修身	靜而無靜	謹威儀以定命	聖	九容：足容重、手容恭、目容端、口容止、聲容靜、頭容直、氣容肅、立容德、色容莊	知禮成性、變化氣質

	靜而有靜	顯過（九容主之）	凡	箕踞、擎拳、偷視、好剛使氣、令色……等 29 項	顯過成過：小訟法（閉閣三時）
4 齊家 治國	五行攸敘	敦大倫以凝道	聖	五倫：父子有親、君臣有義、長幼有序、夫婦有別、朋友有信	踐履敦篤
	五行不敘	大過（五倫主之）	凡	非道事親、非道事君、交警不時、勢交……等 83 項	大過成過：大訟法（閉閣終日）
5 平天下	物物太極	備百行以考旋	聖	統體一極、物物付極	盡倫盡物而考旋
	物物不極	叢過（百行主之）	凡	游夢、戲動、慢語、嫌疑、造次……假道學等 100 項	叢過成過：大訟法（閉閣終日）
6 遷善改過	其要無咎	遷善改過以作聖	聖	戰兢一味遷善改過	明本心而小心窮理
	迷復	成過（克念終焉）	凡	崇門、妖門、戾門、獸門、賊門，惡不可縱而終之以聖域	進以訟法，立登聖域

註：

1. 本表整理自蕺山〈證人要旨〉與〈紀過格〉，表中無一字為筆者所創（除了「聖凡」一欄，此欄亦可改為「天理人欲」），次第之名乃取自〈紀過格〉中對於諸過的解釋而來。

2. 為了免使表格過長，故其中省略〈紀過格〉中的某些細目（用「……等○項」表示），若為道德實踐之目的，當為詳列，以作查考之用。

3. 此表之使用當配合「無次第中有次第」與「有次第中無次第」一起使用，因為其中尚缺《聖學喫緊三關》的加入（此因蕺山以為《聖學喫緊三關》稍嫌割裂，故暫略），〈人極圖說〉雖未納入此表，但意義已在其中。若不考慮蕺山認為《聖學喫緊三關》有割裂之病的話，要將《聖學喫緊三關》列入此表的話，只能在下或在上列成一橫列（而不可列成直行），因為《聖學喫緊三關》與〈證人要旨〉是垂直的關係，現〈證人要旨〉以表示成此表之直行，故《聖學喫緊三關》只能列成橫列，表示在〈六事功課〉每一步驟均有此三關的實踐歷程。

4. 「小訟法」與「大訟法」在蕺山的《全集》中僅此處出現，揆其意當是「訟過法」（即「靜坐法」）也，但因其時間長短（閉閣一時、二時、三時或是

終日）而有「小訟法」與「大訟法」的名稱。時間長短當有其理，因為是
要訓練「長提此知」，故要有時間長短的要求。

此表名曰「證人要旨之聖凡對照歷程體系表」，乃因〈紀過格〉是依照〈證
人要旨〉而臚列的，故取名當以「證人要旨」為主；又因蕺山之天理人欲乃
「同體依」的關係，故增加一欄「聖凡」，表示不為聖賢即為禽獸，天理無住，
人欲無住之對照意；又因其中有蕺山所展開的「六事功課」次第，合起來又
為一體系，故稱「歷程體系」，總稱「證人要旨之聖凡對照歷程體系表」。

由「證人要旨之聖凡對照歷程體系表」，可以知道「過」的發生就是在〈六
事功課〉的道德實踐中發生的，就每一個道德實踐的歷程，都不是可以掉以
輕心地，因為「過」就在後面虎視眈眈，故要戒慎恐懼、小心翼翼。

蕺山的整個道德實踐過程在此表中已清楚顯示，以下討論此表中所蘊含
的相關問題：

第一、過的累積性：蕺山認為這些過都是有累積性的，都是由前面之過，
習焉不察而來，這是因為在上文所說的「餘氣」而來的「習氣」所造成。如隱
過即說是「坐前微過來，一過積二過」〔註57〕；顯過即說「仍作前微、隱二過
來，一過積三過」〔註58〕；大過則曰「坐前微、隱、顯三過來，一過積四過」
〔註59〕；叢過則說「仍坐前微、隱、顯、大四過來，一過積五過」〔註60〕；成
過則說「只為習染所引壞了事」〔註61〕。

第二、過的隨時中斷性：雖然過有累積性，但過也有一個特色，就時「隨
時中斷性」，這是由天理無住、人欲無住來說的，蕺山曰：

> 人雖犯極惡大罪，其良心仍是不泯，依然與聖人一樣，只為習染所
> 引壞了事。若提起此心，耿耿小明，火然泉達，滿盤已是聖人。（〈紀
> 過格〉，《全集》二，頁 17，57 歲。）

即使是惡貫滿盈，仍然「一提此心」當下就是天理流行的聖人境界，故過有
隨時中斷性，但此處也不能太樂觀，因為這還只是一念相應而已，能不能在
下一瞬間對治過的累積性（或是習氣）而有效，還是要鍛鍊的。

第三、關於過、惡或罪的差異問題：關於此問題，先站在李明輝先生的

〔註57〕 〈紀過格〉，《全集》二，頁 12，57 歲。
〔註58〕 〈紀過格〉，《全集》二，頁 13，57 歲。
〔註59〕 〈紀過格〉，《全集》二，頁 15，57 歲。
〔註60〕 〈紀過格〉，《全集》二，頁 16，57 歲。
〔註61〕 〈紀過格〉，《全集》二，頁 17，57 歲。

肩膀上來看吧，李先生曾經引用蕺山的兩段文獻而予以立論〔註 62〕，這兩段
文獻是：

> 生機之自然而不容已者，欲也。欲而縱，過也；甚焉，惡也。而其
> 無過不及者，理也。（〈原心〉，《全集》二，頁 327，65 歲。）

> 凡過生於誤，然所以造是誤者，必過也。惡生於過，然後造是過者，
> 亦誤而已。故過與惡每相因，而過尤易犯。過而不已，卒導於惡。
> 君子惓惓於改過，所以杜爲惡之路也。（〈學言中〉，《全集》二，頁
> 501，61 歲。）

這兩段文獻語意都很明顯，但李先生還是非常小心翼翼地，非常嚴謹地由第
一則文獻立論說「似乎『過』與『惡』之間只有程度上的差別，『惡』只是『過』
之極端化。」再根據第二則文獻說「『過』似乎意指主觀的精神狀態或態度，
『惡』則是因過而不已所造成的客觀事態。」〔註 63〕連用兩個「似乎」，李先
生之謹慎若此，但一般用「似乎」常常是表示不肯定、不必然，或是在「似
乎」以下有所辯正，〔註 64〕而李先生在此就停住了，他以下就不處理這個過
與惡的差別問題，轉而處理惡之起源問題，這顯示出什麼意思呢？

　　從前面兩段蕺山的文獻，可以得知蕺山的過與惡「的確」是「程度上」
的差別（「欲而縱，過也；甚焉，惡也。」中的「甚」字。），但以治學嚴謹
著稱之李先生爲何用「似乎」來稱呼呢？這應該是他看到其他的文獻（否則
由此段文獻之明確，應不會用「似乎」二字），但在他的文章中沒有將這些文
獻列出之故。筆者詳檢了蕺山此類文獻，發現蕺山的過基本上有小人之過和
君子之過之分（此有本質的不同），然後他幾乎是把小人之過和惡等同起來，
但有輕重的不同，所謂輕重的不同，是說程度輕的，叫做「過」，重的就叫
「惡」，其中的本質相同，然後再把惡更具體的落實在事物上，叫「罪」。蕺
山這樣的說法，當然是會讓人搞混的，尤其是在現代社會的語言用法中，常

〔註62〕 李先生的做法，影響很大，例如陳思吟先生處理蕺山的過惡之差異問題幾與
　　　　李先生所說如出一轍，連語氣字眼都似，見陳思吟：《從《論語學案》和《人
　　　　譜》論劉宗周的成人思想之研究》，彰化：彰化師範大學國文研究所 2002 年
　　　　碩士論文，頁 104～105。
〔註63〕 參李明輝：〈劉蕺山論惡之根源〉，收入鍾彩鈞主編：《劉蕺山學術思想論集》
　　　　（臺北：中央研究院文哲所籌備處，1998），頁 116～117。
〔註64〕 也許李先生此處的「似乎」是表示「謙虛語氣」，但這種用法在李先生的筆法
　　　　中，似乎沒有。

常把過、惡、罪的分別很清楚（如違反道德良知的為過、違反社會規範的為惡、違反法律的為罪），這就更增加時空距離上的理解困難度。以下舉文獻證明之。蕺山曰：

> 過與仁，分明是兩路。出於過，則入於不仁，此其大較也。然過以類分其間，出於小人者，故為本心缺陷之端；而其出於君子者，既是真心流露之地。誠於其類觀之，而君子之過有不可與小人同類而共棄者，以其心無不仁故也。心無不仁，則其過亦仁中之過，故觀過可以知仁，……凡君子存心制事，自不能無過，只是他一點天理決不損壞，反有因過而見者。（《論語學案・人之過也章》，《全集》一，頁 358，40 歲。）

這一段文獻不太好懂，因為有所謂的「仁中之過」，仁中應該是無過的，不然如何能稱仁呢？蕺山自己在開頭已經說得很清楚，他說，過與仁，一般來說是不同的概念，相對立的，所以有過一定不仁（入於不仁），但他認為這只是粗略的大概而已，若細分，有君子之過，所謂的「仁中之過」，小人之過才是一般所謂的「本心缺陷」的「不仁之過」，但什麼叫做「仁中之過」？既然叫「仁中之過」，因此就是在仁之狀態中，所以此過就不是從存心上所說，蕺山在此段文獻的最後面說到「凡君子存心制事，自不能無過」，所以至少可以確定的說，應是在「存心制事」時發生的過，但前面已經知道不是發生在存心上，故當在「制事」上，從這裡又可以看到蕺山之道德實踐重視歷史性的特色，蕺山又是在一個具體的現實時空狀態中來立論的，蕺山曰：

> 孟子論性，只就近處指點。如惻隱之心，同是惻隱，有過有不及，相去亦無多，不害其為惻隱也。如羞惡之心，同是羞惡，有過有不及，相去亦然，不害其為羞惡也。過於惻隱，則羞惡便減；過於羞惡，則惻隱便傷。心體次第受虧，幾於禽獸不遠，然良心仍在，平日禦人國門，忽然孺子入井，此心便露出來。豈從外鑠者？（〈學言下〉，《全集》二，頁 550，66 歲。）

原來蕺山的「仁中之過」是就其表現而言，是就其在「制事」中而言，即如果是惻隱之心，但惻隱之心的表現有過與不及，皆是「過」也，蕺山這樣論過，當然是嚴格義的過，不是只從動機上來說就是無過，還要從其現實的行為上看恰當不恰當（中不中）。甚至在惻隱羞惡之間也有表現的恰當與否的問題，在「過於惻隱，則羞惡便減；過於羞惡，則惻隱便傷。心體次第受虧，幾於禽獸不遠」

的這段話中竟然說，過於惻隱，則羞惡便減，在四端之心中，竟然也互斥的，過於「仁」則「義」有傷（過於慈愛，有傷行爲的正當性，而沒有原則），過於「義」則「仁」有減（過於要求正義，而六親不認），這並不難懂，上文曾舉羅近溪爲例，說明近溪曾關說行賄以救人出獄，即是顯例。〔註65〕

　　換言之，過有「君子之過」與「小人之過」之別，君子之過就是「仁中之過」，小人之過，就是「本心缺陷」之不仁之過，所謂本心缺陷之不仁之過，就是一般所謂的過，此過是對於本心而言，蕺山曰：

> 過出於無心，只是昏，一昏即覺，一覺即化。（《論語學案·君子之過也章》，《全集》一，頁638，40歲。）

失其本心而不覺，就是過，但上文已說，過是有累積性的，從不覺的累積而成惡，這就是李明輝先生引用蕺山文獻的第一則文獻：

> 生機之自然而不容已者，欲也。欲而縱，過也；甚焉，惡也。而其無過不及者，理也。（〈原心〉，《全集》二，頁327，65歲。）

在這裡的過與惡的差別是程度上的，其間只是輕重的不同，就整個歷程來說，蕺山其實是等同起來的，蕺山曰：

> 惡與過不同。無惡之後，方有改過工夫可做。然過亦從惡根來。（《論語學案·苟志於仁章》，《全集》一，頁354，40歲。）

在這段話中，「惡與過不同」是指程度的不同，不是本質的不同，否則這句話就充滿矛盾而無法理解，就現實習氣的深重而言，要改過要先從惡開始，所以才有「無惡之後，方有改過工夫可做」一句，而因爲是程度上的不同，所以過也從惡根來。也就是說，輕微的惡就叫過，嚴重的過就叫惡（過從惡根來）。這也是李明輝先生所引蕺山文獻的第二則文獻所說的：

> 凡過生於誤，然所以造是誤者，必過也。惡生於過，然後造是過者，亦誤而已。故過與惡每相因，而過尤易犯。過而不已，卒導於惡。君子惓惓於改過，所以杜爲惡之路也。（〈學言中〉，《全集》二，頁501，61歲。）

「過而不已，則導於惡」，而因爲習氣的問題，習氣重，越容易不覺，而生過，過一產生，就越增加習氣，而惡，故「過惡每相因」。這裡說「惓惓於改過，所以杜爲惡之路也」似乎和上文「無惡之後，方有改過工夫可做」矛盾，其

〔註65〕有如佛學中所說的，無智慧的慈悲叫「悲魔」，無慈悲的智慧叫「乾智」或「枯智」意義一樣。

實沒有，前者是就根源的不覺說，後者是就現實的習染說。

那何謂罪？蕺山曰：

罪，即惡之見於禍敗也。（《曾子章句》，《全集》一，頁 664，42 歲。）

過與惡還是就個人的道德的自覺自主而言，惡而落實於現實上的事物，而影響「禍敗」者，就叫「罪」〔註66〕。

這樣就能明瞭蕺山之「過」、「惡」、「罪」之異同了。

第四、關於過或惡或罪的起源與改過問題：關於蕺山的改過問題，學者常會強調過或惡的起源問題，並進而處理改過問題，例如李明輝先生曰：

為了了解種種「過」底成因，進而尋求對治之道（改過之方），劉蕺山必須為「道德之惡」說明其根源；否則其道德工夫論不會有堅實的基礎。〔註67〕

現在目標在改過上，所以如果能在過產生的源頭，予以截住，就能使它無法產生，就達到改過進而無過的狀態，因此李明輝先生說如果沒有這樣，蕺山的「道德工夫論不會有堅實的基礎」，這個說法不無道理，但筆者覺得蕺山恐不是如此認為，所謂「不無道理，但又恐不是如此認為」意思是說不是必然要處理的最優先問題，而是次要問題，滿足頭腦思辨上理論的體系建構問題。若就改過的實踐而言，起源問題不是重點，過的本質才是重點。為何如此說呢？於此筆者以下的敘述，首先就過或惡的根源做「簡單」的說明，然後再說明蕺山的處理改過的方法。

關於過惡的起源〔註68〕，一般都是追究到「妄」，再從「妄」追究到「四

〔註66〕蕺山的文獻中極少論「罪」，大皆以「過」、「惡」為主。

〔註67〕李明輝：〈劉蕺山論惡之根源〉，收入鍾彩鈞主編：《劉蕺山學術思想論集》（臺北：中央研究院文哲所籌備處，1998），頁95。在此書中的另兩篇關於蕺山改過思想文章，也是如此處理手法（先說明起源，再論改過），參古清美：〈劉蕺山實踐工夫探微〉，該書，頁73～78；何俊：〈劉宗周的改過思想〉，該書，頁137～141。

〔註68〕因為蕺山的過有「君子之過」與「小人之過」，君子之過是人心在覺醒下的過，是重視仁心現實中的表現，小人之過反是。君子之過因牽涉到現實，故還需要事後的反省，以檢證表現的合理性（如我有愛人的動機，但愛的方法也許不對，這在蕺山也是「過」，愛的方法要因人因事因地因時而權宜的改變，複雜不已）。是故蕺山在論改過時，很少以「君子之過」立論，皆以小人之過為主，蕺山在〈紀過格〉中所論的改過為小人之過（心不覺之過），因此本文以「過惡」連稱來表示之，以下所論皆以小人之過為主，若有牽涉君子之過則會予以注明。

浮」〔註69〕，爲何追究到「妄」？這是因爲過是有累積性的，從微過、隱過……累積到叢過，因此只要探討「微過」即可。而蕺山在微過處即指標明「妄」，而加以解釋曰：

> 妄（獨而離其天者是。）
>
> 以上一過，時函後來種種諸過，而藏在爲起念以前，彷彿不可名狀，故曰「微」。原從無過中看出過來者。「妄」字最難解，直是無病痛可指。如人元氣偶虛耳，然百邪從此易入。……妄無面目，只一點浮氣所中，如履霜之象，微乎微乎。（〈紀過格〉，《全集》二，頁 11，57 歲。）

在這則引文中，可以看到蕺山的爲難處，這主要當然還是因爲他有儒家「性善論」的信念，所以找出最初的過惡，幾乎是很難的事，在這則引文中，就可以看出。蕺山說「妄」藏在起念以前，「彷彿不可名狀」、「最難解」、「無病痛可指」、「無面目」，這些都是在表達此中的爲難，本來無過，要在無過中生出個「過」來、生出個「妄」來，當然是很難解說的，因此蕺山只能用這些看起來根本就沒正面說明的消極性語詞來說明，事實上，真能正面地在真心中找出這個「妄」，儒家就不會有「性善論」的主張了，所以在最初的一點上，只能如此的表示，最後蕺山只能把這個「妄」推出真心外，而說「一點浮氣」，什麼是「浮氣」？蕺山說：

> 人心一氣而已矣，而樞紐至微，纔入麤一二，則樞紐之地霍然散矣。散則浮，有浮氣，因有浮質；有浮質，因有浮性；有浮性，因有浮想。爲此四浮，合成妄根；爲此一妄，種成萬惡。嗟乎！其所由來者漸矣。（〈學言下〉，《全集》二，頁 514，65 歲。）

57 歲時的蕺山，還只是說成「一點浮氣」的「妄」，到了 65 歲的蕺山，再把這「妄」分解成「四浮」（浮氣、浮質、浮性、浮想），其實本質還是相同，「浮」之所以爲「浮」，是人心一氣流行之際，而在「樞紐至微」，「纔入麤一二」，才有「浮想」，既而有「浮性」，既而有「浮質」，既而有「浮氣」，這四者，蕺山說「所由來者漸矣」，因此是從非常細微到漸粗，雖然是漸粗，但還是很細微的〔註70〕。現在關鍵處已經越說越清楚了，乃在人心持守之際，「入麤」

〔註69〕 參李明輝：〈劉蕺山論惡之根源〉、古清美：〈劉蕺山實踐工夫探微〉，俱收入鍾彩鈞主編：《劉蕺山學術思想論集》（臺北：中央研究院文哲所籌備處，1998）。

〔註70〕 重點不在「四浮」，且蕺山「四浮」在《全集》中僅此出現一次，所以本文不

而有「浮想」產生，如此過惡乃產生了。再看一則文獻，就更清楚了，蕺山曰：

> 天命流行，物與無妄，人得之以爲心，是爲本心，何過之有？惟是
> 氣機乘除之際，有不能無過不及之差者。有過而後有不及，雖不及，
> 亦過也。過也，而妄乘之，惟厥心病矣。（〈改過說一〉，《全集》二，
> 頁 20，57 歲。）

當天理流行，天理性體不斷地解蔽其自己，而爲我心所持存恰當時，此時之
心名爲「本心」，這時當然是無過的，那過如何產生而來，是在氣機乘除之時，
心之持守有過與不及，而入廳，有浮想，此時「妄乘之」，於是產生「心病」，
就這樣，過就產生了。換言之，蕺山之過的根源追究起來是在心之持守之際
的過與不及，此時才使的「妄」得以趁機而入。所以爲何說過與惡的起源問
題是次要問題呢？因爲從蕺山的立場看，記過的目的是爲了要改過，而雖然
最細微的過是「微過」，微過的主要內容就是「妄」，「妄」雖然可以展開爲名、
利、生、死之惑，以及酒色財氣，但總的根源還是「妄」，不過如果以爲改過
的方法就是「去妄」，那又不對，明乎此，才知蕺山下段文獻：

> 人心自眞而之妄，非有妄也，但自明而之暗耳。暗則成妄。如魑魅
> 不能晝見。……故學在去蔽，不必除妄。……蓋本心嘗明，而不能
> 不受暗於過。……並不在暗中，反在明中。君子之心，雖暗亦明，
> 故就明中用箇提醒法，立地與之擴充去，得力仍在明中也。（〈改過
> 說二〉，《全集》二，頁 21-22，57 歲。）

在這則文獻中，蕺山說到「學在去蔽，不必除妄」，所以過的根源雖然是妄，
但對於改過而言，除妄或去妄卻不是重點，不是工夫之所在，工夫要用在「去
蔽」，什麼叫做「去蔽」？「去蔽」就是「就明中用箇提醒法，立地與之擴充
去」，去蔽就是心之自我提醒而又擴充，原來就是在本文在〈證人要旨〉中所
說的〈治念法〉與「保任法」，這樣一來，就可得知原來蕺山的「妄」其實就
是在〈證人要旨〉中「凜閒居以體獨」、「卜動念以知幾」中間的「偶著一念」
之「偶著」之前一刹那的動作也（天理人欲同體依的關係），妄沒有實體，它

擬探究何謂「浮氣、浮質、浮性、浮想」？李明輝先生有探討之，見李明輝：
〈劉蕺山論惡之根源〉，收入鍾彩鈞主編：《劉蕺山學術思想論集》（臺北：中
央研究院文哲所籌備處，1998），頁 120～122，但由於「四浮」只出現一次，
所以李先生用了數個「當是」來詮釋。

是獨體不清明時，才會生出的東西，故決無法正面說出它是什麼東西，故蕺山只能用消極性的字眼「最難解」、「無病痛可指」、「無面目」來形容，因此工夫也只能是「凜閒居以體獨」、「卜動念以知幾」的「靜坐與讀書」或〈治念說〉與「保任法」，這幾個工夫，總說其實就是一個「勿忘勿助地常惺惺地警覺也」，這樣就能一直在「明」之中，而「暗」之「妄」也就不會出現了，這就是過的本質，也是改過最重要的關節處。〔註71〕

四、有次第中無次第

現在本文進入蕺山工夫論中的「有次第中無次第」，在此要先說明的是，所謂「有次第中無次第」中的「無次第」顯然是蘊含著「頓」的意思，就當下無次第的這個「頓」當然可以開展出一套存有論來。一般研究宋明理學的學者，常喜歡把工夫論當本體論來研究，例如論改過，一定要談到「過的來源」，好像過的來源知道了，就可以改過似的；論道德實踐，一定要說到道德實踐之所以可能的先天根據或超越根據是什麼；論如何由沉溺中超拔，一定要說到良知之自我覺醒，此外別無他法。這樣的論法，當然也有其精采，但筆者總覺得宋明理學還有她的另一面，即重工夫論的一面，因此之故，本文便以蕺山爲例來說明，以蕺山而言，本體論幾乎都可以化成工夫論來談，蕺山說：「學者只有工夫可說，其本體處直是著不得一語，纔著一語，便是工夫邊事。然言工夫，而本體在其中矣。」〔註72〕即是此意。現在這種「有次第中無次第」所成的不只是一種圓融化境的可能，還有其工夫的面向，本小節要論述其工夫論面向。但要小心，蕺山其實是非常忌諱「頓」的，這是由於

〔註71〕蕺山這種「過的根源在妄」但改過工夫在「學在去蔽，不必除妄」的改過思想有時會令人不解而下錯判斷，如陳啓文先生探討蕺山『『妄』——『過』所以成之因」時，最後下了個結論：「於此需說明的是，依蕺山所言，人之本質乃爲善質，之所以會有『過』，蕺山乃歸因於『妄』所致，蕺山此說似乎說明了『過』惡之根源。然而蕺山於進一步說明『妄』之所以生之因，是歸於則是契機乘除之際不得不有之（不能無過）者，而將『妄』之發生歸於必然，這就又未能說明『妄』生成之因。」見陳啓文：《劉蕺山之「道德主體理論」分析》，臺北：臺灣師範大學國文研究所 2000 年碩士論文，頁 120。又：蕺山這樣的說法在佛學中有一個著名的事件可爲註腳。《佛祖歷代通載》卷第十四：「代宗嘗在便殿，指天下觀軍容使魚朝恩，謂忠曰：『朝恩亦解些子佛法。』朝恩即問忠曰：『何者是無明？無明從何而起？』忠曰：『佛法衰相今現。』帝曰：『何也？』忠曰：『奴也解問佛法，豈非衰相今現。』朝恩色大怒。忠曰：『即此是無明，無明從此起。』」見《大正藏》第 49 冊，頁 605。

〔註72〕〈答履思二〉，《全集》三上，頁 363，54 歲。

他的時代任務是要解決陽明後學之「情識而肆、虛玄而蕩」，頓就容易虛玄而蕩，蕩就是「蕩越」，就是忽略了該有的步驟與歷程，蕺山曰：

> 聖人之學，因有本而以漸達也。惟有本，故漸達。原泉混混，不舍晝夜，盈科而後進是也。夫有恆，其本也。有恆者，常心也。嘗守其作聖之心而不二，則漸進於善人矣，漸進於君子矣，漸進於聖人矣。「亡而爲有，虛而爲盈，約而爲泰」，一路浮誇，欲立蹬善人、君子、聖人之地，以爲學主頓法，而不知適以自賊其本心之德而已，故曰「難乎有恆矣」。然則凡頓學皆僞學也。（《論語學案·聖人吾不得而見之矣章》，《全集》一，頁 431-432，40 歲。）

「凡頓學皆僞學也」，此話說得何其嚴厲，此因蕺山見當時王門後學流弊而發之感言，蕺山的意見主要是說，就本心常在是有恆的，但這個有恆不代表道德實踐者現在就是聖人，現實情境中的人守此心，則慢慢成爲善人、君子、聖人，故他說頓學皆僞學也。但就蕺山關於道德實踐中的「有次第中無次第」是不是就是僞學？在此要注意「有次第中無次第」有兩個意思，第一，它是和「有次第」圓融配合；第二，它還是要起修的，不是一悟即了的，還是要講其證量的。這兩個意思合起來就是說，從無次第下手起修，但對於修法的證量考驗，除了在日常生活的實踐外，還可以以《聖學喫緊三關》、《人譜》、《人譜雜記》等書，作爲查證或印證，以免坐犯「躐等」之弊。它不是一徹即徹、一悟即了的，還是有個歷程在，這就是起修的意義。於此要進而說明「因位起修」與「果位起修」兩詞的意義，了解了，就不會有此疑惑了。

所謂「因位起修」與「果位起修」，是佛學中的名詞，一般是用來區分顯宗與密宗、或說顯教與密教。所謂「因位起修」，就是說當人從凡人修行而欲成佛時，凡人當然還沒有佛的位階，沒有佛所該具備的條件，所以必須從凡人的位置上，努力修行，不管修的是「四聖諦」、「八正道」、「十二因緣」的小乘教法，還是「六度萬行」的大乘菩薩道，經過了一段時間後（如大乘的三大阿僧祇劫），把成佛之因都具足了、條件夠了，這時我們就成佛了。就凡夫修行的起點與次第之間，就叫「因位」，就修行而得證之結果位階，就叫「果位」。密教的修行比較獨特，它是從「果位起修」的，所謂「果位起修」是說，原本我是凡夫，我應該從成佛之因開始努力修行，從十信、十住、十行、十回向、十地、等覺、妙覺，等到因緣成熟，就水到渠成而成佛了，但是我現在不要如此，我不把自己當成凡夫，我要顛倒來修，我要把我自己當成佛，

因爲眾生原本就有佛性，我原本就是佛，「我就是佛」，然後我再去看佛的果位上有何條件，我直接就去完成那些條件，而不從因位開始修起。例如凡夫的氣脈常常是不通的，因爲修六度，心平氣和，慢慢地，氣順脈開，而中脈暢通成佛，密教發現，佛的中脈都是通的，所以它就不直接去修六度，而直接去修中脈暢通，這樣就叫「果位起修」。它雖然是從果位修起，但不表示一蹴可幾，還時要修的。〔註73〕

　　儒家的教法其實也包含這「因位起修」與「果位起修」兩面。以上段蕺山的引文來看，從小人、善人、君子到聖人，可以從克己復禮慢慢修行而到善人、君子、聖人，從義利之辨的《聖學喫緊三關》中的〈人己關〉做起，然後慢慢從小人晉升到君子。可是在日常生活中的道德實踐，常常是先從《論語》中，知道君子該有何行爲，然後在遇到考驗時，說君子該如何如何而實踐的。例如以「人不知而不慍，不亦君子乎」來說，在日常生活中，常常會因別人沒發現我的存在、我的重要，甚至忽視我的存在而慍、而在乎，就道德實踐言，可以是慢慢的灑掃應對進退、克己復禮、遷善改過，而得知人生的價值原本不在別人知不知上，故不慍；但也可以不知道這其中的實踐過程，直接就以「人不知而不慍」來做起，這就是果位起修。陽明歷經廷杖、貶官、被暗殺、跳水而至龍場驛窮困之地，從者皆病，因念「聖人處此，更有何道？」〔註74〕果位起修是也。〔註75〕

　　蕺山無疑也有這兩面，只是問題在有沒有自覺的提出來而已，在這裡，

〔註73〕以上所論是佛學顯密的基本常識，故不詳細引述，可參張性人：《金剛乘法要略述》第二章，收入圓烈編：《認識密教》（臺北：大千出版社，2001），頁68～72。洪啟嵩：《神通、眞言與手印》（臺北：時報出版公司，1994），頁309～310。

〔註74〕見吳光等人編校：《王陽明全集》下（上海：上海古籍出版社，1995），頁1227～1228。事實上，陽明的「致良知」教法也是果位起修的實踐方式，在陽明的〈大學問〉一文完全由「萬物一體」此劉蕺山所認爲的「求仁之極則」出發立論（〈大學問〉一文，是《王陽明全集》中一篇比較特殊的作品，所謂特殊不是說它的義理，是說它是作爲一個「教法」來實踐的，這篇作品在當初陽明是用來啟發初入門者之心地，而能「直下承當、直造聖域」之用，故不准弟子筆錄成書，因其擔心流爲文字學問）。但因爲它缺乏因地上的鍛鍊，故爲學的面向就和蕺山學不同，參見《王陽明全集》下，頁967～973。

〔註75〕匿名審查者意見：「認爲陽明爲果位起修，然是否眞是如此，值得討論，因爲陽明這時連良知學都未悟入，而說是果位起修，似乎不通。」謝謝審查者意見，可使陳述更清楚。果位起修不一定要是已經悟入良知才可開始。這也是密宗修行要堅固佛慢的緣故，因爲他還是凡夫阿，凡夫也可果位起修。

蕺山恰好有自覺的提出「果位起修」這個概念（不是名詞），蕺山曰：

> 一貫之道，即天地之道，非聖人所得而私也。聖人自任以爲吾道者，
> 聖人從自己心上看出此道，滿盤流露，一實萬分，盈天地間，萬事
> 萬物各有條理，而其血脈貫通處，渾無內外人己感應之跡，亦無精
> 粗大小之殊，所謂「一以貫之」也。「一」本無體，就至不一中會得
> 無二無雜之體，從此手提線索，一一貫通，纔有壅淤，便與消融，
> 纔看偏枯，便與圓滿，時時澄澈，處處流行，直將天地萬物之理打
> 合一處，亦更無以我合彼之勞，方是聖學分量。此孔門求仁之旨也。
>
> （《論語學案・參乎吾道一以貫之章》，《全集》一，頁 362～363，
> 40 歲。）

這一則引文中，蕺山以爲，在聖人的境界中，看到的世界跟小人看到的世界
是不同的，聖人所看到的是世界是沒有內外人己對立、精粗大小之別的「萬
物一體」之天理流行世界。所以就人現在要道德實踐的話，正可以依此聖人
之「證量」爲主而「手提線索」，作爲日常生活之實踐準則，如果有衝突地方，
就消融圓滿之，到最後，「直將天地萬物之理打合一處，亦更無以我合彼之勞，
方是聖學分量。」這就是「果位起修」的意義與歷程，「果位起修」意義是說
從原本修行得證的最高階來將其努力從生活中實現。

四、一「體認親切法」

蕺山「體認親切法」：

> 身在天地萬物之中，非有我之得私；
> 心包天地萬物之外，非一膜之能圍。
> 通天地萬物爲一心，更無中外可言；
> 體天地萬物爲一本，更無本之可覓。
>
> （〈學言上〉，《全集》二，頁 463，59 歲。）

「體認親切法」猛然一看，似乎在描寫一個化境，不過有其工夫意義。蕺山雖
然以「親切」二字形容之，但一般人恐怕也不親切，例如錢穆先生對於「體認
親切法」的評論即是「如此般的來體認，實也不易得親切。」〔註76〕爲什麼呢？
因爲「體認親切法」正是從道德實踐的最高點來立論的，而使人欲實踐於日常
生活之中，故以「體認」命名，「親切」原本是就聖人的證量而言，但在工夫意

〔註76〕錢穆：《宋明理學概述》（臺北：臺灣學生書局，1992），頁 432。

義下，「親切」是從「聖教量」下的認知，再到覺受、再實證爲自己的「證量」，若不從事道德實踐，則已，若要從事道德實踐，則最後必然是「親切」的。

蕺山曰：

> 凡以善承天心之仁愛，而生死兩無所憾焉，斯已矣！此之謂立命之學。至此而君子眞能通天地萬物以爲一體矣。此求仁之極則也。（《聖學宗要》，《全集》二，頁 272，57 歲。）

蕺山 34 歲就與劉永澄，各出證數年學力深淺，相與究「求仁」之旨，[註77] 49 歲時就以「求仁」來回答當時學者問孔、孟之大旨，[註78] 到了 66 歲還說「孔門之學，莫先於於求仁」[註79]，可以知道，蕺山的道德實踐學，可以說就是「求仁之學」。而什麼是「求仁」的「極則」，正是「通天地萬物以爲一體」也。而「體認親切法」正是眞實呈現出「仁者與天地萬物爲一體」之證量而要求道德實踐者去體認的。首句「身在天地萬物之中，非有我之得私」，由身體出發來看，身體是在天地萬物之中，但身體表面看是我個人的身體，蕺山卻遮撥這種看法，而說不是我個人、私的身體，因爲蕺山的身體是個「大身」，蕺山曰：

> 「形色，天性也。」故《大學》之教，歸於修身，內之攝心意知物，外之攝家國天下，此踐形之盡也。（〈學言中〉，《全集》二，頁 499，60 歲。）

> 吾儒之學，直從天地萬物一體處看出大身子。天地萬物之始，即吾之始；天地萬物之終，即吾之終。終終始始，無有窮盡，只此是生死之說。（〈生死說〉，《全集》二，頁 379，54 歲。）

第一則引文，從形色、身、形來立說，內涵心意知物，外包家國天下，顯示出蕺山的身乃是第二則引文中的「大身」[註80]，所以不是我個人之所私的。「體認親切法」次句「心包天地萬物之外，非一膜之能圍」是說明當天理在我身上呈現時，此時的心是包天地萬物而無限的。由此第三句「通天地萬物爲一心，更無中外可言」整個天地都爲我心所充滿，沒有任何的界限分際中

[註77] 〈劉譜〉34 歲條，《全集》五，頁 125，34 歲。

[註78] 《孔孟合璧》，《全集》二，頁 183，49 歲。

[註79] 《證學雜解·解一》，《全集》二，頁 305，66 歲。

[註80] 蕺山「大身」之說仍可參楊儒賓：〈死生與義理——劉宗周與高攀龍的承諾〉，收入鍾彩鈞主編：《劉蕺山學術思想論集》（臺北：中央研究院文哲所籌備處，1998），頁 540～550。

外可分。第四句「體天地萬物為一本，更無本之可覓」說明這時體證到「天地萬物為一體」，但嚴格說，說一體還是不對，在一個相對的境界中，才能說有一個「一體」，所以蕺山再遮撥這個「萬物一體」的說法，而說「更無本之可覓」。

筆者以為蕺山的「體認親切法」的實踐可以有兩個面向，一是在〈證人要旨〉（〈六事功課〉）中的第一步「凜閒居以體獨」中的兩個工夫（靜坐與讀書）中的靜坐來體認；第二是從日常生活中實踐起，關於這一方面，就是蕺山強調的「人以天地萬物為一體」（不是傳統的「仁者與天地萬物為一體」），這就在下小節討論吧。

四、二「人以天地萬物為一體」

蕺山曰：

> 仁者以天地萬物為一體，乃人以天地萬物為一體，非仁者以天地萬物為一體也。若人與天地萬物本是二體，必借仁者以合之，蚤已成隔膜見矣。人合天地萬物以為人，猶之心合耳、目、口、鼻、四肢以為心。今人以七尺言人，而遺其天地萬物皆備之人者，不知人者也；以一膜言心，而遺其耳、目、口、鼻、四肢皆備之心者，不知心者也。學者於此信得及、見得破，我與天地萬物本無間隔，即欲容其自私自利之見以自絕於天而不可得。不須推致，不煩比擬，自然親親而仁民，仁民而愛物，義、禮、智、信一齊俱到，此所以為性學也。（〈答履思五〉，《全集》三上，頁367，55歲。）

在這一則引文中，蕺山區分兩個概念，「仁者以天地萬物為一體」與「人以天地萬物為一體」，蕺山以為後者「人以天地萬物為一體」才是恰當的，他以為若說是人與天地萬物本來是分裂的，必須實踐到「仁者」的階段才將人與天地萬物兩者合一，這樣的出發點就錯了，不是在出發點是有「隔膜」的兩個東西，而是一開始就合一、就是一體。〔註81〕蕺山用心之覺知和耳、目、口、鼻、四肢的關係來比喻，當說到心有覺知時，這時耳、目、口、鼻、四肢是在後面一起作支撐的，這個意思是說，當我覺知到我聽到一個聲音、看到一個物體時，心和耳、目是一起的，本來就無間隔的。同理，當說到人時，也很容易陷在人只是個身體內的人而已，而忘了在後面皆備於我的萬物，故說「人以天地萬物為

〔註81〕所以「人」如果和「仁者」是一的話，蕺山有時也獨立地說「仁者以天地萬物為一體」，見〈遺編學言〉，《全集》二，頁567，歲不詳。

一體」。蕺山在此勉勵學者，要於此「信得即、見得破」「人與天地萬物本無間隔」，如此，不需要「推擴」，不需要「同理心的理解」（比擬），自然就「親親而仁民，仁民而愛物，義、禮、智、信一齊俱到」，這什麼意思？好像就是「主張用『修齊治平』之功來達到『格致誠正』的境界」〔註82〕，原本儒學是內聖通外王，現在好像變成外王通內聖了，其實嚴格說，這樣說，也是不對的，這時沒有內聖與外王的區分，而是「一齊俱到」，蕺山認為就是直接「人以天地萬物為一體」，就在這一體之證量中，直接放入日常生活之中，不管有事抑或無事，是即外王即內聖的，這就是「果位起修」。蕺山說只要在此「信得及、見得破」，那麼就外王內聖一齊俱到，所謂「信得及」就是當下承擔那果位上的最高點也，這實在不容易，蕺山曰：

> 所謂「信得及」者，只於此心中便覺一下耳；纔覺一下，便千變萬化用之不窮；雖千變萬化用之不窮，卻非於此心之外又加毫末也。此心原來具足，反求即是。反求即是覺地，覺路即是聖路。不隔身心，不岐凡聖、不圉根氣、不須等待，方是真潔淨。學者但時保任而已，別無他謬巧也。（〈論羅近溪先生語錄二則示秦履思〉，《全集》三上，頁 420，62 歲。）

這裡的「信得及」要當下「不隔身心，不岐凡聖、不圉根氣、不須等待」，而只時時在當下中保任，即是最高果位之「證量相傳」之意。這樣的道德實踐，看起來很簡單，其實也很危險，沒有細密的心思，是很容易有陽明後學良知情識想混的現象發生，例如我對他人發怒，是因一體而當發的「義怒」還是純粹自我尊嚴受損的「私怒」，粗略者是很難從事於此的，這時《人譜》就顯出它的重要性了。

五、結　論

本文從兩岸儒學與宗教的討論風潮說起，試圖找出其間的共識，這個共識在於儒學具有宗教性。這個宗教性展現出其終極真實的體證實踐當有其一歷程，本文把此歷程次第放在劉蕺山的儒學體系來探索。分別以兩個概念來辯證綜合：「無次第中有次第」、「有次第中無次第」。

在「無次第中有次第」以劉蕺山《人譜》為主要依據立論。探討了〈人

〔註82〕見鄭吉雄：〈黃梨洲恢復證人講會在學術史上的意義〉，收入方祖猷、滕復主編：《論浙東學術》（北京：中國社會科學出版社，1995），頁 271。

極圖說〉、〈證人要旨〉和諸改過思想，挖掘了其可爲上根人和中下根人道德實踐的面向，反駁了某些學者認爲《人譜》只能適合中下根人實踐儒學之參考。在「有次第中無次第」以「體認親切法」、「人以天地萬物爲一體」來作爲實踐上的「果位起修」之方法。

　　這樣便建立起儒學既細密又圓頓的修證次第，細密中有圓頓，圓頓中有細密。在現代「宗教熱」正當頭的時候〔註 83〕，儒學更可以參與其對話的行列而展現其生命力。

參考文獻

1. 王志宇：《臺灣的恩主公信仰──儒宗神教與飛鸞勸化》（臺北：文津出版社，1997）。

2. 王瑞昌：〈論劉蕺山的無善無惡思想〉，《孔子研究》總第 62 期 2000.6，頁 78～79。

3. 任繼愈主編：《儒教問題爭論集》（北京：宗教文化出版社，2000）。

4. 牟宗三：《從陸象山到劉蕺山》（臺北：臺灣學生書局，1984）。

5. 吳光等人編校：《王陽明全集》（上海：上海古籍出版社，1995）。

6. 李世偉、王見川：《臺灣的宗教與文化》（臺北：博揚文化公司，1999）。

7. 李世偉：〈「儒教」課題之探討及其宗教史之意義──以臺灣儒教爲重點〉，收入《第二屆臺灣儒學國際學術研討會論文集》（臺南：成功大學中文系，1999）。

8. 李申：《中國儒教史》（上、下）（上海：上海人民出版社，上卷爲 1999，下卷爲 2000）。

9. 李澤厚：《論語今讀》（香港：天地圖書公司，1998）。

10. 李興源：〈劉蕺山「誠意之學」探析〉，《中國國學》第 17 期 1989.11。

11. 林安梧：〈論劉蕺山哲學中「善之意向性」──以〈答董標心意十問〉爲核心的疏解與展開〉，《國立編譯館館刊》1990 年 6 月，第十九卷第一期。

12. 林炳文：《劉蕺山的慎獨之學之研究》，臺北：文化大學哲研所 1990 年碩士論文。

13. 洪啓嵩：《神通、眞言與手印》（臺北：時報出版公司，1994）。

14. 張性人：《金剛乘法要略述》，收入圓烈編：《認識密教》（臺北：大千出版社，2001）。

〔註 83〕這種「宗教熱」現象，臺灣並非是單一特別的，俄羅斯、印度、南韓等皆有類似現象，考邢東田：《當今世界宗教熱》（北京：華夏出版社，1995）。

15. 陳思吟：《從《論語學案》和《人譜》論劉宗周的成人思想之研究》，彰化：彰化師範大學國文研究所 2002 年碩士論文。

16. 傅偉勳：《生命的學問》（臺北：生智文化公司，1998）。

17. 勞思光：《新編中國哲學》三下（臺北：三民書局，1987）。

18. 嵇文甫：《晚明思想史論》（北京：東方出版社，1996）。

19. 曾昭旭：《論語的人格世界》（臺北：漢光文化公司，1991）。

20. 曾錦坤：《劉蕺山思想研究》，《臺灣師大國文研究所集刊》第 28 號 1984.6。

21. 黃宗羲：《明儒學案下・蕺山學案》，黃宗羲：《黃宗羲全集》第八冊，（臺北：里仁書局，1987）。

22. 廖俊裕：《道德實踐與歷史性——關於蕺山學的討論》（臺北：花木蘭文化出版社，2008.9）。

23. 熊十力：《新唯識論——熊十力論著集之一》（臺北：文津出版社，1986）。

24. 劉述先：〈對話時代的來臨〉，《全球倫理與宗教對話》（臺北：立緒出版社，2001）。

25. 鄭吉雄：〈黃梨洲恢復證人講會在學術史上的意義〉，收入方祖猷、滕復主編：《論浙東學術》（北京：中國社會科學出版社，1995）。

26. 鄭志明：《中國社會與宗教》（臺北：臺灣學生書局，1986）。

27. 鄭志明：《中國善書與宗教》（臺北：臺灣學生書局，1988）。

28. 鄭志明：《臺灣民間宗教論集》（臺北：臺灣學生書局，1984）。

29. 鄭志明：《儒學的現世性與宗教性》（嘉義：南華管理學院，1998）。

30. 鄭志明主編：《儒學與基督宗教對談》（嘉義：南華大學宗教中心，2000）。

31. 錢穆：《宋明理學概述》（臺北：臺灣學生書局，1992）。

32. 戴君仁：〈心學家論意〉，《大陸雜誌》第 44 卷第 4 期 1972.4。

33. 戴璉璋、吳光主編：《劉宗周全集》五冊六本（臺北：中央研究院中國文哲研究所籌備處，1997）。

34. 鍾彩鈞主編：《劉蕺山學術思想論集》（臺北：中央研究院中國文哲所籌備處，1998）。